SIMONE GUIDA

A DURA VIDA DOS DITADORES

FATOS, CRIMES E SEGREDOS SOBRE OS TIRANOS MAIS PERVERSOS DA HISTÓRIA

TRADUÇÃO
ROBERTA SARTORI

COPYRIGHT © FARO EDITORIAL, 2023
LA DURA VITA DEL DITTATORE
© 2022 GRIBAUDO - IF - IDEE EDITORIALI FELTRINELLI SRL
SOCIO UNICO GIANGIACOMO FELTRINELLI EDITORE SRL
VIA ANDEGARI 6 - 20121 MILANO
WWW.GRIBAUDO.IT - INFO@GRIBAUDO.IT

Todos os direitos reservados.

AVIS RARA é um selo da FARO EDITORIAL.

Nenhuma parte deste livro pode ser reproduzida sob quaisquer meios existentes sem autorização por escrito do editor.

Diretor editorial **PEDRO ALMEIDA**

Coordenação editorial **CARLA SACRATO**

Preparação **TUCA FARIA**

Revisão **BÁRBARA PARENTE**

Projeto gráfico **CAMILLA POLIDORI**

Diagramação **OSMANE GARCIA FILHO**

Imagens P. 17, JOSE ANGEL MURILLO; P. 28, 35, SHAWSHOTS; P. 48, 94, ZUMA PRESS, INC.; P. 76, MATTEO OMIED; P. 131, 171, KEYSTONE PRESS; P. 149, ABACA PRESS; P. 158, NTB | ALAMY STOCK PHOTO. P. 67, TORSTEN PURSCHE; P. 87, EXSILENTROOT; P. 118, BASHIR MOTIWALA; P. 180, SODEL VLADYSLAV | SHUTTERSTOCK. P. 105, TOMAS MUNITA; P. SERGEI GRITS | AP PHOTO.

Dados Internacionais de Catalogação na Publicação (CIP)
Jéssica de Oliveira Molinari CRB-8/9852

Guida, Simone
    A dura vida dos ditadores : fatos, crimes e segredos sobre os tiranos mais perversos da história / Simone Guida ; tradução de Roberta Sartori. — São Paulo : Faro Editorial, 2023.
    192 p. ; il.

    ISBN 978-65-5957-396-7
    Título original: La dura vita del dittatore. Fatti, misfatti e curiosità dei tiranni più (im)probabili della storia

    1. Ditadores 2. Ditaduras 3. História I. Título II. Sartori, Roberta

23-2361   CDD 321.9

Índice para catálogo sistemático:
1. Ditadores

1ª edição brasileira: 2023
Direitos de edição em língua portuguesa, para o Brasil, adquiridos por FARO EDITORIAL.

Avenida Andrômeda, 885 — Sala 310
Alphaville — Barueri — SP — Brasil
CEP: 06473-000
www.faroeditorial.com.br

SUMÁRIO

"

7 Prefácio

11 Ser um ditador: a tênue linha entre comédia e tragédia

21 A psicopatologia do ditador

39 A geografia das ditaduras

59 Vivendo sob uma ditadura

81 Como se instaura uma ditadura

99 Como manter o poder

125 O culto à personalidade

143 Esquisitices, monomanias e luxo desenfreado

165 A queda do regime: quando um ditador acaba mal

186 Bibliografia

190 Índice

"

PREFÁCIO

Por diversas vezes, à medida que escrevia sobre os "meus" tiranos, eu senti uma mistura de raiva e compaixão. Raiva porque cada um dos seus regimes, embora com números diferentes, ceifou vidas humanas. Compaixão porque, na loucura dessas figuras, incapazes de interceptar o caminho sem volta, frequentemente se escondem transtornos mentais, infâncias violentas e megalomanias sem controle.

Da embriaguez pelo luxo mais desmedido ao culto à personalidade, o ditador perde o contato com a vida real e se torna incapaz de se colocar no lugar dos cidadãos mais pobres, esses mesmos cidadãos que já foram amigos, vizinhos, colegas.

Com efeito, as epopeias dos ditadores costumam ter um início romanesco: homens desconhecidos que saem de baixo e se veem, por astúcia e providência, no controle das rédeas de um país inteiro.

Descobriremos também que, outras vezes, a ascensão ao poder pode ser menos árdua, ou mesmo ocorrer por investidura direta. Ditadores filhos de outros ditadores herdam fortunas inestimáveis, com vícios e bizarrices adjacentes.

Chegar a líder de uma nação pode parecer complicado; isso não é nada, no entanto, se comparado à dificuldade de manter intacto o seu status. Nenhum ditador consegue dormir sonos tranquilos, porque o risco de uma traição está sempre no dobrar de cada esquina.

Mas por que as histórias dos ditadores nos fascinam tanto? Por que estamos convencidos de que a sua existência é algo distante, no tempo e no espaço geográfico, mesmo quando governam nações que estão a alguns milhares de quilômetros da nossa casa?

PREFÁCIO

E por que, nos momentos de dificuldade econômica ou de agitações sociais, alguns se entregam à nostalgia dos velhos regimes, acreditando que na ditadura as coisas são melhores do que na democracia?

Essas são algumas das perguntas às quais tentei dar uma resposta. Não sei se, ao final, consegui. Na pior das hipóteses, terei proporcionado a vocês algumas novas anedotas para contar aos amigos e, talvez, até dar algumas risadas.

Chegamos agora à parte sentimental: os agradecimentos. Para esta segunda aventura literária, não posso deixar de agradecer primeiramente a vocês, queridos leitores, que escolheram entender a dinâmica distorcida dos sistemas ditatoriais e, desse modo, ter uma ideia de como o mundo é estranho (assim como as pessoas que o compõem). O meu apreço vai também para todos aqueles que acompanham com carinho o percurso do meu canal de divulgação histórica e geopolítica no YouTube. Sem um público de mais de setecentas mil pessoas eu jamais teria conseguido publicar um trabalho dessa natureza sobre um tema... tão bizarro e fascinante. Do mesmo modo vai um sincero agradecimento a Alessia Aulicino pelas noites de *brainstorming*, pelos bate-papos organizadores e pela enorme ajuda que me deu para a redação deste livro.

*Per aspera ad astra.**

Simone Guida

---

* Literalmente, "pelas dificuldades, às estrelas". Em tradução livre, pode ser algo como "é pelas adversidades que se chega ao inalcançável", "é por meio das dificuldades que se realiza o impossível". (N. T.)

SER UM DITADOR:
A TÊNUE LINHA ENTRE COMÉDIA E TRAGÉDIA

> "Se você nunca ouviu heavy metal e te bombardeiam os ouvidos com ele por vinte e quatro horas, as funções do seu cérebro e corpo começam a derreter, a sua linha de pensamento fica mais lenta e a sua vontade se quebra."
>
> **MARK HADSELL**
> (Sargento da Companhia de Operações Psicológicas)

No Panamá, um homem com a pele do rosto toda lesionada bate à porta da embaixada do Vaticano pedindo asilo político. Não é um dia qualquer: é a manhã do Natal de 1989. As pessoas estão se preparando para receber a nova década com grandes expectativas, o Muro de Berlim caíra recentemente, o bloco soviético cambaleia. Em menos de um mês aconteceram coisas boas, outras nem tanto. Por exemplo, nos EUA, o primeiro episódio de *Os Simpsons* foi ao ar, e na Itália, Umberto Bossi acaba de fundar a Lega Nord [Liga do Norte]. Em retrospectiva, sabemos que o partido contribuirá para o futuro do entretenimento televisivo da mesma forma que os personagens amarelos dos Simpsons de Matt Groening.

SER UM DITADOR: A TÊNUE LINHA ENTRE COMÉDIA E TRAGÉDIA

Contudo, mais do que qualquer outra coisa, o 25 de dezembro de 1989 é um dia muito ruim para um ditador. À mesma hora em que o nosso protagonista se refugia entre os diplomatas do Santo Padre, no outro lado do mundo, na Romênia, outros dois ditadores se encontram diante de um esquadrão de fuzilamento prestes a serem executados. Ah, acho que eu não disse: o homem na embaixada é um ditador, e naquele momento ele não está passando muito bem. Pendem contra ele oito acusações, incluindo lavagem de dinheiro e tráfico de drogas, e os Estados Unidos acabaram de enviar vinte e sete mil soldados ao país para lhe dar uma lição.

O paradoxo é que, apenas alguns anos antes, esse ditador com o rosto esburacado de cicatrizes por causa da varíola recebeu uma comenda pela sua luta contra o narcotráfico.

Inimigos e detratores o chamam de *Cara de Pina*, Cara de Abacaxi, mas o seu verdadeiro nome é Manuel Antonio Noriega.

Nascido no Panamá nos anos 1930, Noriega é criado pela tia, e jamais conhecerá seu pai. A sua formação é muito simples: ao terminar a escola, alista-se no Exército panamenho. Soldado desde 1962, bem cedo torna-se um favorito do chefe das Forças de Defesa do país, o general Omar Torrijos (1929-1981) e, após a morte deste, toma o seu lugar. Dois anos mais tarde, em 1983, conquista também o poder político, tornando-se, com efeito, o líder da nação.

O general Noriega, que além de ter laços estreitos com a CIA é especialista em inteligência militar, combate ao narcotráfico e ao terrorismo, se torna uma figura cada vez mais central para os Estados Unidos: ele contribui significativamente para muitas ações de desestabilização realizadas pelos americanos na América Central e do Sul, dentro daqueles lugares que o governo dos Estados Unidos define como "o quintal de casa", a fim de neutralizar as organizações revolucionárias de caráter marxista. A colaboração tem início na segunda metade dos anos 1970. Os Estados Unidos oferecem um forte apoio a Noriega, inclusive para evitar que o Panamá acabe sob a esfera de influência soviética. O acordo faz parte da Operação Condor, uma das páginas mais sangrentas da história americana, mas sobre isso falaremos mais adiante.

O nosso Cara de Abacaxi não tem muitos escrúpulos em misturar assuntos pessoais (relacionados a negociações suspeitas, especialmente de drogas) com operações "especiais" dos EUA na Nicarágua ou em El Salvador, muitas vezes confiadas a esquadrões da morte e a serviços secretos.

A sua cada vez maior autonomia política e uma série de novas posições contrárias às dos EUA marcam o início da sua queda. Todavia, o que vai decretar o seu fim será, sobretudo, a sua parceria com um dos homens mais procurados do mundo: o rei do narcotráfico, Pablo Escobar (1949-1993).

AMIZADES AUTÊNTICAS E SEM INTERESSES

A relação entre Manuel Noriega e Pablo Escobar nasce no início dos anos 1980. O narcotraficante colombiano envia regularmente pequenos aviões carregados de drogas ao Panamá e aos Estados Unidos, com a cumplicidade do ditador. O vínculo fica mais forte em 1981, quando Noriega consegue localizar os guerrilheiros do grupo M-19, que recentemente haviam sequestrado Martha Nieves Ochoa Vásquez, irmã de Jorge Luis e Fabio, membros proeminentes do cartel de Medellín, do qual *"don* Pablo" é o líder indiscutível. A intervenção de Noriega se mostra fundamental para a libertação da mulher, e Escobar fica fascinado pela firmeza e pela habilidade militar do ditador panamenho.

Carlos Lehder, cofundador do cartel de Medellín que testemunhou no processo contra o Cara de Abacaxi, relatou ao procurador americano Guy Lewis que a relação do cartel de Medellín com Noriega teve início em 1982 devido à necessidade de se utilizar o Panamá como via alternativa às Bahamas para fazer a droga entrar nos Estados Unidos. Noriega teria colocado o seu país à disposição, transformando-o na escala perfeita a fim de evitar voos diretos da Colômbia para os Estados Unidos. Lehder explicou ainda que o acordo entre o ditador e o cartel de Medellín tinha algumas condições muito precisas a serem respeitadas. O entendimento estipulava que Noriega colocaria à disposição do cartel o uso de uma companhia aérea cargueira panamenha para transportar as mercadorias, em troca de um percentual. Segundo a testemunha, a propina chegava a mil dólares por quilo, o que teria permitido ao Cara de Abacaxi acumular uma fortuna de mais de dez milhões de dólares em poucos anos.

Dada a receita substancial e a sensação de que os negócios de Escobar agora dependiam da sua ajuda, Noriega obrigou o cartel a atualizar as taxas. Fala-se em duzentos mil dólares por voo que saía do aeroporto de Paitilla e em 5% de cada dólar lavado nos bancos panamenhos.

Em 30 de abril de 1984, quando o seu império já havia começado a desmoronar, Pablo Escobar estava sendo procurado pela justiça colombiana pelo assassinato do ministro da Justiça, Rodrigo Lara Bonilla (1946-1984). A mulher de Escobar, que fugia com ele, estava grávida: em breve daria à luz a pequena Manuela Escobar. Noriega se oferece a dar-lhes refúgio no Panamá e arranja para que o parto seja feito na melhor clínica do país. Em pouco tempo, outros membros do cartel de Medellín também passaram a se refugiar no Panamá.

Tudo indica que para comandar o cartel de Medellín na "sua casa" e montar laboratórios e sistemas de lavagem de dinheiro Noriega tenha recebido cinco milhões de dólares. Outras fontes sugerem que o ditador entregou a Escobar um documento de identidade falso, com o nome de Pedro Pablo Cabrera Caballero, no qual consta "agricultor" como profissão.

Mesmo assim, Escobar vai permanecer no Panamá apenas duas semanas. O temor de *don* Pablo é que, dada a história de Noriega com a CIA, este possa traí-lo e entregá-lo aos Estados Unidos. Ou que ele continue pedindo dinheiro, sob chantagem, em troca da sua proteção. As suas preocupações não são infundadas. De acordo com o que Lehder relatou, o Cara de Abacaxi havia entregado aos americanos muitos expoentes do cartel de Medellín a fim de guardar para si dinheiro, propriedades e cocaína. Também em 1984, em Darien, sob a pressão da DEA,* a agência federal antidrogas dos Estados Unidos chegou, inclusive, a destruir um laboratório de Escobar.

Em 1987, a acusação de envolvimento com o narcotráfico internacional se torna oficial, e é aberta uma investigação contra ele em Miami. Esquecendo-se dos anos em que era considerado um amigo fiel, os Estados Unidos retiram definitivamente o apoio a Noriega e começam a preparar a sua destruição.

PRATA OU METAL?

Após esta rápida excursão no passado de Noriega, começamos a entender por que ele nesse momento está preso na embaixada do Vaticano, no Panamá. Alguns meses antes, embriagado com a sua mitomania, o Cara de Abacaxi afirmara com desdém: "Eu digo aos americanos que parem de me ameaçar porque, seja como for, não tenho medo da morte".

Depois, indiferente às consequências, por ocasião das eleições presidenciais, anulou os resultados das urnas e fez-se nomear *líder máximo*, tentando até mesmo um golpe de Estado. Nessa altura, o presidente dos Estados Unidos, George H. W. Bush (1924-2018), pai daquele em quem jornalistas iraquianos jogaram um sapato, ficou furioso como um touro: "As ameaças imprudentes do general Noriega, junto com os ataques contra os americanos no Panamá, são um perigo para os trinta e cinco mil cidadãos americanos que vivem no país. Por isso enviei os nossos militares: para proteger os americanos e levar Noriega à justiça".

Com quase trinta mil soldados no país, o Cara de Abacaxi esqueceu que não tinha medo da morte.

---

* Sigla para Drug Enforcement Administration [Administração de Repressão às Drogas]. (N. T.)

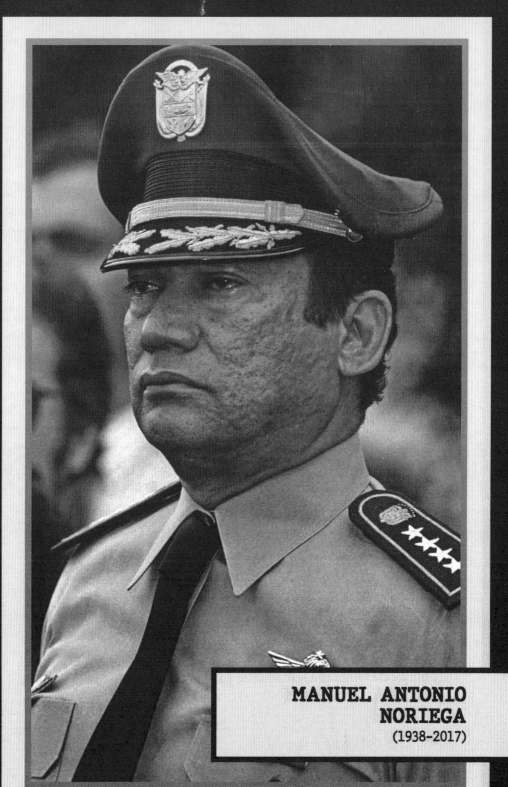

MANUEL ANTONIO NORIEGA
(1938–2017)

O fato é que é Natal, e Noriega realmente não quer sair daquela embaixada. Os militares americanos não sabem para que lado se virar: atacar a sede diplomática papal, entre outras coisas no dia de Natal, arrisca um incidente internacional, sem considerar que seria um gesto covarde, como espancar um velhinho de óculos. Portanto, há apenas uma solução: Noriega deve sair daquele prédio espontaneamente e pelas próprias pernas.

A solução surge por iniciativa do general Maxwell Thurman (1931-1995), conhecido por todos como Mad Max (nunca um apelido foi mais apropriado), um especialista em técnicas de guerra psicológica: torturar Noriega, mas a distância.

Em 27 de dezembro, alguns membros do time PSYOPS (Psychological Operations) [Operações Psicológicas] dão ordem para colocar uma série de alto-falantes ao redor do prédio da embaixada, criando uma espécie de barreira ao redor dos muros. Depois de algumas horas, dos alto-falantes começou a soar a música "You've Got Another Thing Comin'",* de Judas Priest, um belo rock'n'roll, daqueles que estouram os tímpanos mesmo no volume normal. E o nível do volume dos alto-falantes que os soldados americanos instalaram supera a resistência humana. O plano agora está claro. As forças militares especiais querem esgotar o fugitivo com música metal e hard rock. E Noriega odeia metal e hard rock.

A *playlist* enviada para repetição naqueles dias entrou para a história: vai de "Welcome to the Jungle" [Bem-vindo à selva], do Guns N'Roses, e "Wanted Dead or Alive" [Procurado vivo ou morto], do Bon Jovi, a "The End" [O fim], da banda The Doors.

Os soldados continuam com "Danger Zone" [Zona de perigo], de Kenny Loggins, e outras duas músicas que pelo título parecem ter sido escolhidas um pouco por provocação: "Panama", de Van Halen, e "Never Gonna Give You Up" [Nunca desistirei de você], de Rick Astley. A lista é longa. Você pode encontrá-la no YouTube, e também entre os relatos militares da época. No final, parece que o que fez o cérebro de Noriega enlouquecer foi a cansativa repetição de "I Fought the Law" [Eu enfrentei a lei], da banda The Clash.

* Em tradução livre, "Tem algo chegando para você", "Você vai ter uma surpresa". (N. T.)

Em 3 de janeiro de 1990, o ditador panamenho se rende, entregando-se "espontaneamente" às tropas americanas. Após o julgamento, ele ficará preso por vinte anos em prisões de segurança máxima dos Estados Unidos.

A pessoa de Noriega introduz este livro por um motivo bem específico. O Cara de Abacaxi não é um ditador particularmente carismático, nem faz parte daqueles tiranos que têm atrás de si uma história digna dos melhores filmes de Hollywood. Mas a anedota da sua captura é a síntese perfeita daquilo que, como vocês verão, capítulo a capítulo, se perpetua na vida dos ditadores — uma mistura de farsas e selvageria, em que estabelecer a linha entre o cômico e o trágico se torna impossível.

"Existe uma fronteira precisa entre atrocidade e comédia?", perguntava-se o escritor e antropólogo Albert Sanchez Piñol, em 2000, enquanto narrava as histórias de oito ditadores africanos.

> Sim, uma fronteira existe. Está ali, ao centro do extermínio, na matança de milhares de pessoas, no assassinato sistemático; está nos locais onde a injustiça supera toda a imaginação. Existem e existiram lugares e épocas nos quais nem sequer o sarcasmo mais pungente conseguiu perfurar a cortina do terror (...). No entanto, o valor do humor também poderia ser considerado, justamente para abstrair o indivíduo da circunstância, o assassino do contexto. Em alguns casos muito esporádicos, o público pôde testemunhar o espetáculo do tirano caído. Normalmente, o efeito tem sido, ao mesmo tempo, devastador e contraditório. Longe dos sistemas que sancionavam as suas prerrogativas, o déspota, a besta do mal, não passava de um personagem sórdido, patético, grotesco ou as três coisas juntas.

O que Noriega sofreu é, para todos os efeitos, uma tortura, mas uma tortura que nos faz rir, porque é absurda e exagerada. Igualmente absurdas e exageradas são as histórias das ditaduras desses homens, a respeito de quem, como diria Piñol, continua impossível estabelecer se são mais bestas-feras ou palhaços.

A PSICO-
PATOLOGIA
DO
DITADOR

> **Eu me considero a pessoa mais poderosa do mundo.**
>
> **IDI AMIN DADA**

"Não é preciso ser um monstro para realizar atos monstruosos", escreveu o escritor francês Olivier Guez. Essa frase é o modo mais eficaz para expressar o que permanece óbvio, mas que, com frequência, é esquecido: todos os ditadores foram homens comuns e, antes ainda, crianças.

Deles, quase todos tiveram infâncias infelizes. Não se trata de uma desculpa para justificar os crimes que cometeram, mas um fato interessante para inspirar alguma reflexão.

Muitos estudiosos concordam sobre o fato de que todos os grandes ditadores do século XX chegaram à idade adulta cheios de frustrações e com um forte senso de inadequação. Uma raiva sedimentada há muito tempo, aliada à incapacidade de aceitar um mundo que, depois de lhes haver negado qualquer tipo de proteção, considera-os inaptos para assumirem um papel significativo. O aspirante a ditador nutre um incomparável desejo de vingança, superestima as suas próprias habilidades e realiza ações que qualquer pessoa com um ego normal consideraria imprudente.

Alinhados, esses aspectos dão forma ao transtorno de personalidade narcisista, que é um pouco pior do que o egocentrismo "saudável". Para a psicanálise, os critérios para diagnosticar o narcisismo patológico incidem sobre o conceito de grandeza e sobre a total falta de empatia, e, com efeito, acaba sendo difícil imaginar um ditador identificar-se com os sofrimentos do próximo.

O narcisista passa os dias fantasiando sobre ideais de poder, sucesso e encanto, está convencido de ser mais inteligente e esperto do que os outros, tira partido das relações pessoais, e as suas relações românticas, quase sempre, duram muito pouco. Dado que a sua índole o leva a trair com uma certa frequência, ele considera que a falsidade e as conspirações são algo habitual, e que os outros se comportam da mesma maneira pelas suas costas.

Indo mais longe, pode-se dizer que alguns ditadores abrigam uma versão extrema do transtorno, o que Otto Kernberg, um dos mais influentes psicanalistas contemporâneos, define como "narcisismo maligno".

No narcisismo maligno, os elementos do distúrbio clássico andam de mãos dadas com a paranoia, o sadismo, a ausência de medo e de culpa. Dominando os outros, o narcisista nutre um sentimento de grandiosidade a seu respeito e satisfaz as suas perversões. No entanto, até o seu narcisismo, como todos os distúrbios de personalidade, tem os seus paradoxos. O senso de onipotência com frequência é um subterfúgio cognitivo que o cérebro implementa para preencher anos de vulnerabilidade e solidão. É aqui que o período infantil entra em cena.

Entre os ditadores, pais bêbados e de mão pesada parecem ser a principal constante. Tanto Hitler quanto Mussolini (1993-1945), várias vezes, correram o risco de morrer sob os golpes de cinto dos seus pais. Mao Tsé-Tung (1893-1976) comia as sobras que o seu pai lhe jogava da mesa; Saddam Hussein, para escapar da opressão do padrasto, fugiu de casa quando tinha apenas dez anos de idade.

Com frequência, a despótica figura paterna é acompanhada por uma mãe de caráter submisso. Seduzida e abandonada, escrava dos surtos ou cúmplice involuntária, a mãe do futuro ditador é incapaz de defender a sua prole.

O PESADELO DE ADOLF HITLER

Sempre me pergunto o que Sigmund Freud (1856-1939) teria dito se, por um estranho alinhamento dos astros, encontrasse diante de si, deitado no divã do seu consultório, Adolf Hitler. Do que sei sobre o assunto, é provável que indagasse sobre a relação dele com os pais, ou sobre a primeira lembrança da sua infância. Sem dúvida, alguém como Freud teria imaginado que o senhor Adolf não era do tipo pacato, e talvez, ao convencê-lo com os seus tratamentos, hoje nos lembrássemos do século XX como um século bastante pacífico.

Essa ideia também ocorreu a outra pessoa; tanto que, em julho de 2021, surgiu o videogame *Heal Hiltler* na plataforma Steam. Aqui o jogador personifica um alter ego do dr. Freud e tem como missão convencer o *Führer* a desistir dos seus planos de conquista, e tudo graças a técnicas de psicanálise. Se Hitler se levantar do divã, o jogador perde. Como qualquer produção que ridiculariza os eventos do Holocausto, *Heal Hitler* (literalmente "Cure Hitler", um trocadilho emprestado da saudação nazista *heil*) foi inundado por críticas e acusado de ofender a memória de seis milhões de judeus. Deixando de lado os gostos pessoais e considerações éticas, deve-se admitir que a ideia tem algo de original.

Contudo, justamente porque a história costuma estar a meio caminho entre a certeza e a descrença, descobri que a minha fantasia (e a dos desvalorizados criadores de *Heal Hitler*) contém uma pitada de realidade: nunca houve nenhum Hitler no divã de Freud, mas, quando criança, ele chegou muito perto.

É 1894, e Alois Hitler (1837-1903) e Klara Polzl (1860-1907) vivem com os seus quatro filhos. Os mais velhos, Alois (1882-1956) e Angela (1883-1949), respectivamente de treze e doze anos, são fruto do casamento anterior de Alois com Fanni Matzelsberger (1861-1884). Adolf, de seis anos, e Paula (1896-1960), ainda bebê, são filhos naturais de Klara. O ambiente familiar, tal como o passado dos dois "recém-casados", é bastante perturbador. Alois é um homem violento e viciado em sexo, mas, acima de tudo, é tio de Klara. Viúvo duas vezes, apaixonou-se pela sobrinha, uma pastora recém-chegada à maioridade que não resistiu a seus avanços, e, num dos vários encontros clandestinos, engravidou.

Alois tinha a intenção de santificar a união, mas a Igreja se opõe devido ao parentesco próximo: o relacionamento acaba sendo rotulado como incesto. Com uma série de subterfúgios e um padre complacente, Hitler pai demonstra à cúria episcopal que há um erro na sua árvore genealógica: Klara não é sua sobrinha direta, e, como tal, ele pode se casar com ela.

Todavia, a determinação com a qual Alois levou a cabo o seu projeto não tinha nada a ver com amor. Klara se torna uma escrava do lar, e os filhos a que ela dá à luz são efeitos colaterais dos desejos sexuais do seu marido. Quando as duas primeiras crianças morrem de difteria, Alois, virando-se para a esposa, que está em lágrimas, diz: "Não entendo por que você está reclamando, é só fazermos mais".

Em condições como essas, é fácil entender por que a relação entre Hitler e o pai jamais foi idílica. Pelo contrário, o pequeno Hitler adora a sua mãe. Após a morte dos primeiros filhos, a chegada do novo bebê é recebida por Klara com grande entusiasmo. Ajudando na casa está a irmã solteira de Klara, tia Johanna (1830-1906), a quem Alois intimida porque é "feia e corcunda".

O amor das duas mulheres é revertido a Adolf, mas isso não é suficiente para protegê-lo da perseguição do pai. Em 1894, Alois filho, a vítima favorita de Hitler pai, foge de casa, deixando o seu legado para Adolf.

Alois sempre tem uma desculpa para golpear o filho: uma postura incorreta, uma nota imperfeita, uma careta de desapontamento. Adolf odeia a atitude submissa da mãe, aquele olhar impotente que o observa enquanto o pai bate nele. O único cuidado de Klara é medicar as suas feridas para evitar que infeccionem.

Durante toda a sua vida, Adolf Hitler vai sofrer com pesadelos noturnos. Algumas testemunhas próximas a ele revelaram que os seus sonhos eram tão aterradores a ponto de fazê-lo gritar, mesmo na idade adulta. Não raras vezes, meio adormecido, era tomado por convulsões nervosas que faziam a cama estremecer.

Segundo o historiador britânico John Forrester (1949-2015), a origem do distúrbio coincide com os sete anos do pequeno *Führer*, uma situação de tal forma incontrolável a ponto de obrigar o casal Hitler a consultar o médico de família. Este último, não sabendo o que fazer, telefonou ao Hospital de Viena para uma consulta, e a resposta é óbvia: o menino precisa ser internado para se investigarem as causas do mal-estar. Quem está sugerindo é o diretor do departamento de Neurologia Infantil, o doutor Sigmund Freud.

Temendo que o filho possa revelar os seus métodos educacionais "particulares", Alois se opõe e tranquiliza e esposa: "É uma crise passageira, que desaparecerá à medida que ele cresce".

O ano de 1900 é quando qualquer aparência de equilíbrio desmorona. Para os professores do ensino secundário,* Adolf é um menino inepto, apático e sujeito à violência, avaliações que agravam ainda mais a relação entre pai e filho. Assim, em desespero, o jovem Hitler tenta replicar a fuga do irmão, sem obter a mesma sorte. Alois o alcança depois de alguns metros e descarrega a sua raiva com uma ferocidade sem precedentes.

Sem sentidos e milagrosamente vivo, Adolf assina para sempre um pacto entre ele e a dor: nada, nem mesmo a violência mais sinistra, pode feri-lo. Em troca, ele retribuirá ao mundo com a mesma moeda, banindo todas as formas de misericórdia e compreensão.

---

* Corresponde a algo como a segunda fase do ensino fundamental, tem três séries obrigatórias para alunos de onze a quatorze anos. (N. T.)

Em 1903, enquanto bebia uma cerveja, Alois morreu de um ataque cardíaco; a esposa o seguirá cinco anos depois devido a um câncer de mama. Aos dezenove anos, Adolf Hitler já é órfão, e restam-lhe apenas os seus delírios de grandeza para fazer-lhe companhia.

ENTRE CHICOTES E SEXO "TELEPÁTICO"

Os historiadores acreditam que todas as ideias de Hitler nascem de impulsos instintivos, de ataques de humor e de mau humor. A própria arte da oratória, que se tornou a sua marca registrada, é constituída de discursos pobres em conteúdo, concentrados em poucos conceitos que se repetem de modo obsessivo. Uma série de declarações peremptórias intercaladas com explosões de raiva que deixam os ouvintes perplexos.

O distúrbio de personalidade do *Führer* acaba se cruzando com um complexo de Édipo jamais superado. Para a psicanálise, trata-se de um comportamento inconsciente que nasce na infância e esconde um desejo sexual pela figura materna e uma pulsão homicida pela paterna. Considerando o ambiente familiar no qual Hitler cresceu, é fácil entender por que o pequeno Adolf desejaria ardentemente a morte do pai, até mesmo para ter aquela mãe (que o enchia de elogios e atenção) totalmente para si.

Mesmo quando as notas do jovem Adolf despencaram, despertando a cólera de Alois, Klara continuava a elogiar o filho pelas suas habilidades artísticas. Paradoxalmente, a morte de Hitler pai tornara a relação mãe-filho ainda mais ambígua e perturbadora. Klara reverenciava Adolf como um semideus, e estava convencida de que ele logo se tornaria um pintor consagrado, por

isso não resistiu à decisão dele de abandonar o ensino médio para frequentar a Academia de Belas Artes.

Porém, a realidade com a qual Hitler depara é subsequentemente muito diversa. Não basta saber desenhar, o rapaz é indolente, e a Academia rejeitou a sua inscrição duas vezes seguidas. Essa rejeição o devasta. O talento não reconhecido e a frustração pelo fracasso levam-no a desenvolver aquele senso de grandeza que une muitos ditadores: ele é um ser superior, as pessoas que deslegitimam os seus talentos não têm meios para entendê-los.

O período como artista nômade, passado vendendo cartões-postais por alguns xelins nas ruas de Viena, marcou profundamente a sua visão política, mas também a sua saúde mental. A memória da mãe, que acabara de falecer, é viva e dolorosa. Para Hitler, Klara personificava a perfeição da mulher germânica: alta, bem torneada, pele clara, cabelos loiros, enormes olhos azuis e, não se pode esquecer, extremamente fértil. Sem perceber, Adolf transforma a mãe no protótipo perfeito da raça ariana, um ideal que, além de se tornar o foco da sua propaganda, ele buscará em todas as suas futuras amantes.

Mas é o tempo que passa observando os transeuntes que dá origem aos primeiros sentimentos antissemitas. Como escreveu em *Mein Kampf*, o primeiro encontro com um judeu ocorre em uma calçada da velha Viena. Trata-se de um indivíduo com longos cabelos esvoaçantes e que usa o *bekishe*, a vestimenta judaica tradicional, com o comprimento até o chão. A imagem o repugna: aquele homem não pode ser considerado "um verdadeiro alemão". Então, quando descobre que muitos outros judeus com a mesma aparência e a mesma forma de se vestir vivem em Viena, Hitler começa a desenvolver um pensamento obsessivo. Ele imagina milhares de "judeus repulsivos" seduzindo e estuprando garotas germânicas, saudáveis e bonitas como a sua mãe. A essas ideias delirantes conjuga-se uma sexualidade depravada, propensa ao sadomasoquismo, mas também o medo de colocar em prática certas fantasias, o que o leva a perder a virgindade muito tarde.

Ernst Franz Sedgwick (1887-1975), assessor de imprensa do *Führer* até 1937, revelou ao Escritório de Estudos Estratégicos (predecessor da atual CIA) que o seu ex-chefe tinha paixão por chicotes. Para Sedgwick, o objeto era "um substituto do poder masculino" que Hitler teria usado, várias vezes, para conquistar mulheres, encenando comícios nos quais imitava Jesus Cristo expulsando os mercadores do templo a golpes de chicote.

Delírios à parte, é provável que essa suposta paixão mencionada por Sedgwick não seja mais do que um resquício da tortura paterna: se você é chicoteado durante toda a infância, talvez, quando crescer, queira entender como é se colocar no lugar do algoz.

No mesmo documento, fala-se ainda de uma frequência assídua a prostitutas e de uma doença venérea contraída durante uma relação ocasional. Essa é talvez a semente da qual crescerá outra terrível obsessão do *Führer*: a higiene.

A partir de algumas pesquisas realizadas pelo escritor Martin Amis, parece que, por volta de 1940, Hitler tinha dificuldade em lidar com qualquer tipo de contato humano por medo de contaminação, ao ponto de se recusar a tirar a roupa mesmo durante consultas médicas. Com o tempo, essa obsessão atingiria dimensões macroscópicas, impedindo-o de uma atividade sexual normal. Amis acredita que, para Hitler, a penetração era um tabu, e que o *Führer* só se deixava esfregar ainda vestindo a roupa de baixo, desde que guardanapos limpos fossem inseridos como barreira. Imagina também que ele e a sua parceira, Eva Braun, faziam sexo sem se tocar: ele teria atingido o orgasmo várias vezes só de observar as graças dela. Sempre com a devida distância de segurança.

COZINHA DO INFERNO: A INFÂNCIA "MÁGICA" DE IDI AMIN DADA

Segundo a Anistia Internacional, o ditador de Uganda, Idi Amin Dada, matou em torno de trezentas mil pessoas em apenas oito anos de regime. Conhecido no mundo ocidental por ter conferido a si mesmo o título de rei da Escócia e por um filme em que é interpretado pelo talentoso Forest Whitaker, Idi Amin é um dos personagens mais loucos e sangrentos da história contemporânea. Para entender (pelo menos em parte) a sua psique basta recuar ao seu passado e dar uma olhada na sua infância dramática.

Desde o momento em que vê a luz, o pequeno Amin tem que lidar com dois pesados estigmas: a herança núbia e a semelhança com o rei Daudi Chwa (1896-1939). Os núbios são um grupo étnico originário da Núbia, região situada entre o Nilo e o Mar Vermelho e que têm uma péssima reputação. Chegados a Uganda depois de terem lutado como mercenários em vários exércitos coloniais, eles são conhecidos por saberem lidar com venenos e pela crueldade com que matam os seus inimigos. Tanto Andreas Nyabire (1889-1976) quanto Assa Atte (1904-1970), pai e mãe de Idi Amin, são de etnia núbia: ele é um soldado que lutou por muitos anos no Sudão; ela, filha de um chefe tribal, é tão habilidosa na arte da magia que foi designada curandeira da família real de Buganda. É em virtude do tempo que passam juntos que, poucos meses após o nascimento do seu filho, Nyabire acusa a esposa de traição: o recém-nascido se parece desconcertantemente com o soberano Daudi Chwa, um habilidoso sedutor com um ativo de dezessete esposas e outras tantas amantes. Se é a verdade ou uma simples desculpa, o soldado foge, deixando mãe e filho à mercê do destino.

A vida do pequeno Idi Amin não é exatamente feliz. Quando está com Assa Atte, ele tem que ajudar na preparação de elixires à base de plantas e, infelizmente, algo mais: os clientes mais ricos querem poções que possam garantir dinheiro e poder e, para obtê-las, são necessários ingredientes especiais. Graças aos traficantes, a feiticeira consegue animais exóticos, fetos humanos e até crianças para sacrificar. A cabana na qual Dada cresce está repleta de órgãos pendurados, um museu de horrores de onde estendem-se gemidos de morte e odores terríveis. O instrumento preferido de Assa Atte para picar os cadáveres é o pango, uma faca de cozinha parecida com um machete, o mesmo que o seu filho usará, quando adulto, para desmembrar os corpos dos seus inimigos.

No entanto, as coisas para Dada vão mal mesmo quando ele tenta brincar com os seus colegas. Graças ao grande tamanho, que torna os seus movimentos desajeitados, ao estigma de núbio e ao nome da mãe, as crianças o mantêm a distância. Assim, Idi Amin acaba passando os seus dias na solidão, caçando, pescando e caminhando na selva, até se convencer de que possui dons divinos que lhe permitem se comunicar com os animais. Uma vez chegado ao poder, durante uma entrevista, ele declarará que sabe falar perfeitamente a língua dos crocodilos.

Devido à discriminação étnica, Idi Amin só frequenta a escola por alguns meses. Segundo muitos ex-seguidores, o ditador era semianalfabeto, mal conseguia decifrar as letras e reproduzir a sua assinatura em uma folha de papel. Essa exclusão o levará ao ressentimento contra todas as formas de educação, a ponto de perseguir os intelectuais do país durante todo o regime.

Ao chegar à idade de dezesseis anos, Dada é um pastor de cabras rude e inculto, e a sua mãe, obcecada pela velhice e pela perda da sua formosura, começa a colecionar amantes cada vez mais jovens, o que atrai o escárnio dos seus conterrâneos.

Mas em 1946, no limiar dos vinte anos, Idi Amin finalmente encontra o seu caminho. Ao alistar-se no King's African Rifles, o corpo militar britânico, ele descobre ser muito bom em massacrar os quenianos que não se submetem à vontade dos colonizadores. Os oficiais britânicos se entusiasmam com isso:

um metro e noventa e três de altura com cento e vinte quilos, forte e destemido. Na prática, o soldado perfeito.

Em 1962, Idi Amin Dada é um suboficial e campeão de boxe, conhecido pela força bruta, disciplina e total insignificância intelectual. Em resumo, os superiores o consideram um buldôzer* pronto para obedecer a qualquer comando, a pessoa ideal para cuidar dos assuntos mais suspeitos. Espalha-se o boato de que, se quiser realizar uma operação rápida e moralmente condenável sem sujar as mãos, basta chamar Idi Amin.

Mesmo Milton Obote (1925-2005), que se tornou primeiro-ministro após a independência, não pôde prescindir dos seus serviços. Uganda atravessa um período complicado: os cidadãos estão em contínua revolta, e é necessária uma intervenção dos militares para apaziguar as rebeliões. Em 1966, Obote nomeia Idi Amin como general do Exército, e planeja com ele um golpe de Estado. Em pouco tempo, cinco ministros são presos, e o presidente Mutesa (1924-1969), bem como o rei de Buganda, é forçado a se render. É o início da presidência de Milton Obote e do seu braço direito, Idi Amin, a quem ele permanece profundamente grato.

"O CIRURGIÃO ALEGRE" E OS CLÁSSICOS DA DISNEY

"Quando você usa um cão para matar lobos, o cão, por fim, depois de matar tantos lobos, torna-se pior do que toda a alcateia." É com essa frase que o escritor espanhol Alberto Sánchez Piñol resume o desfecho anunciado da

---

* Trator de esteira utilizado para trabalhos pesados em áreas de acesso difícil e para ajudar no reboque de outras máquinas. (N. T.)

história. Porque Idi Amin Dada pode até ser ignorante, mas não é nada estúpido, além de ser inescrupuloso e alheio a qualquer forma de gratidão. O que faz Obote pensar que ele vai ficar ali, dócil e tranquilo, sem tentar ocupar o seu lugar?

Na verdade, não vai. O primeiro movimento de Idi Amin é fortalecer o Exército com soldados que lhe assegurem obediência cega — e onde encontrá-los senão entre os oprimidos núbios, tão rancorosos e já de natureza mercenária?

O segundo passo, porém, é conquistar o apoio do povo, coisa simples dado que Obote não é visto com bons olhos pelos ugandeses. Mas Amim ama o drama e escolhe a manobra mais clichê e descarada possível: sai às ruas de jipe aberto e joga dinheiro para as pessoas.

Por fim, a última etapa é garantir que o governo da Grã-Bretanha não se oponha à sua futura liderança, e aqui se surpreende: o Ministério das Relações Exteriores comunica ao bloco ocidental que Idi Amin Dada é um homem exemplar; assim, Grã-Bretanha, Israel e África do Sul acabam não apenas por lhe conceder a sua bênção, mas também por apoiá-lo.

Sem muita dificuldade, o filho da feiticeira marginalizado e intimidado pelos seus companheiros se torna o homem mais poderoso do Estado, pronto para dar vazão àqueles delírios que permaneciam adormecidos.

Com a derrubada de Obote, derrama-se em Uganda uma enxurrada de entusiasmo pelo novo presidente de aspecto grande e plácido como um ursinho de pelúcia. Idi Amin adora estar entre as pessoas, costuma andar de bicicleta e visitar até as aldeias mais remotas, prometendo construir em breve casas, estradas e escolas. É uma pena que os cofres do país estejam completamente vazios devido aos gastos militares desenfreados.

Idi Amin sabe bem da importância de manter o favor do Exército, e tem pavor da ideia de um golpe contra ele. Para cair nas boas graças dos soldados, portanto, ele começa a promover todos eles, a ponto de o número de oficiais nas Forças Armadas de Uganda exceder o número de soldados rasos. Todavia, fazer valer o status adquirido não é fácil: o presidente odeia burocracia e documentos em papel (sabe-se lá o motivo), então as nomeações são anun-

IDI AMIN DADA
(1925-2003)

ciadas oralmente. Em pouco tempo, o caos passa a reinar no meio militar, e ninguém sabe dizer que papel ocupa oficialmente.

Os ugandeses começam a suspeitar de que algo está errado. Que o presidente é um mentiroso crônico agora é óbvio; mas o dia em que Idi Amin se autodenomina "Sua Excelência, presidente vitalício, marechal de campo, doutor Al Hadji Idi Amin Dada, vc*, dso**, mc***, senhor de todas as feras em terra e todos os peixes nos mares e conquistador do Império Britânico na África em geral e em Uganda em particular", eles descobrem que ele também é totalmente insano.

Nada pode afastar a mente de Amin do seu passado; o fantasma de Assa Atte, sua mãe, vive dentro dele e não vê a hora de se manifestar em toda a sua crueldade. Em 1972 tem início a perseguição aos asiáticos e a mais de trinta mil pessoas, principalmente indianos, os quais são forçados a sair do país. O motivo nasce em um sonho revelador, no qual, segundo o presidente, Alá apareceu para ele ordenando-lhe que expulsasse todos os asiáticos de Uganda a fim de evitar uma catástrofe.

A maior parte do tempo de Idi Amin é dedicada à eliminação de qualquer um que possa representar uma ameaça à sua autoridade, e geralmente o motivo é completamente injustificado. Entre as suas "diversões" diárias, está a dissecação dos cadáveres dos inimigos, de quem ele gosta de extirpar os testículos e o pênis, e observar os seus amados crocodilos despedaçando o infeliz de plantão.

---

* Victorious Cross (vc) [Cruz Vitoriosa]: medalha feita para imitar a British Victoria Cross — mais alta e prestigiosa condecoração do sistema de honras britânico, concedida por bravura "na presença do inimigo". https://en.wikipedia.org/wiki/Idi_Amin (N. T.)

** Distinguished Service Order (dso) [Ordem de Serviço Distinto]: condecoração militar do Reino Unido, anteriormente também de outras partes da Commonwealth, concedida por serviço meritório ou distinto por oficiais das Forças Armadas durante a guerra, normalmente em combate real. https://en.wikipedia.org/wiki/Idi_Amin (N. T.)

*** Military Cross (mc) [Cruz Militar]: condecoração militar de terceiro nível concedida a oficiais e outras patentes das Forças Armadas Britânicas e anteriormente concedida a oficiais de outros países da Commonwealth. https://en.wikipedia.org/wiki/Idi_Amin (N. T.)

Muitas vezes acorrentada e ainda viva, a vítima é jogada no Nilo, perto das cachoeiras de Karuma, e a frequência do rito é tão alta que os peixes do lago Vitória morrem envenenados devido ao grande número de cadáveres em decomposição.

Mesmo debaixo dos lençóis, Idi Amin demonstra toda a sua "excentricidade": o número oficial de esposas mantém-se em cinco (desconhece-se o de amantes), enquanto se estima que ele seja pai de trinta e dois a cinquenta e quatro filhos.

Contudo, no final do dia, depois da dose habitual de assassinatos, talvez por saudade daquela infância que nunca existiu, Dada pode se dedicar ao que mais ama: os clássicos filmes de Walt Disney. O seu favorito, coincidentemente, fala de uma criança solitária crescendo na selva.

A GEOGRAFIA DAS DITADURAS

> "Não consideramos a batalha no Afeganistão encerrada. A batalha começou e os seus incêndios estão se intensificando. Esses incêndios alcançarão a Casa Branca, pois é o centro da injustiça e da tirania."
>
> **MOHAMMED OMAR**

Em 2022, são oficialmente sete os Estados governados por ditaduras. Dois são asiáticos (Coreia do Norte e Birmânia); os demais (Mali, Chade, Guiné, Sudão e Burkina Faso) fazem parte do continente africano.

A esse número devem ser acrescidos os Estados que, embora não sejam formalmente ditatoriais, têm um chefe de Estado ou de governo que obteve o seu mandato através de um golpe militar ou de uma guerra civil. Se escolhermos também levar em consideração nações com sistema político de partido único ou cuja legislação é baseada inteiramente em leis religiosas e arcaicas (como a *sharia*), o número aumenta vertiginosamente.

Anualmente, o Global Democracy Index [Índice Global de Democracia], ou seja, o índice com o qual o observatório do *Economist* mede o nível de democracia no mundo, elabora um *ranking* de cento e sessenta e sete países, com base em uma escala de 0 a 10 pontos. As nações com pontuação entre 8 e 10 são marcadas como "Democracias completas"; "Democracias imperfeitas" são aquelas que têm entre 6 e 7,99 pontos; "Esquemas híbridos" são as de pontuação entre 4 e 5,99; "Regimes autoritários" são as nações que não atingem a cota mínima de 4 pontos.

O ano de 2020 foi dramático para a democracia mundial. Dos países analisados, 70% viram a sua pontuação cair, e a introdução forçada de restrições devido à pandemia de covid-19 teve grande influência. Se isso não causou danos de longo prazo em países com democracia estabelecida, em Estados autoritários o uso de restrições à liberdade para o vírus foi uma oportunidade de reprimir os opositores com mais força.

Assim, apesar de haver uma pequena margem de erro, graças ao Índice de Democracia sabemos que hoje mais de 37% da população, distribuída em cinquenta e nove nações diferentes, vive sob um regime autoritário.

Quase todos esses Estados estão concentrados na África subsaariana e no Oriente Médio, na região que se estende da Ásia Ocidental até a África Setentrional. Entre as exceções está a Ásia Central, lugar impenetrável e desconhecido ao Ocidente, onde ainda pulsa a nostalgia da URSS. Habitada durante séculos por populações islâmicas, sobretudo de origem iraniana e turca, foi conquistada pelos russos por volta de 1885 — um acontecimento que deveria tê-la aproximado da dinâmica cultural e econômica do Ocidente, mas isso não aconteceu. Assim, apesar das suas políticas antirreligiosas, iniciadas pelo império czarista e ampliadas até a morte de Kruschev (1894-1971), a Rússia não conseguiu erradicar o islã, nem aquele vínculo indissolúvel, feito de crenças, ideias, rituais e costumes, que unia as repúblicas centro-asiáticas ao nacionalismo turco. Além disso, Moscou sempre excluiu a Ásia Central dos seus processos decisórios e nunca a considerou nada além de uma grande (e problemática) colônia. O que resta, nesses lugares tão fascinantes quanto complexos, é um festival de contradições, onde o aspecto futurista das capitais se alterna com quilômetros de barracos e areais, e onde as mesquitas, construídas segundo critérios da arquitetura islâmica, exibem inscrições em caracteres cirílicos e latinos. As cinco repúblicas independentes — Turcomenistão, Cazaquistão, Quirguistão, Tajiquistão e Uzbequistão — continuam ainda hoje a adiar o encontro com a democracia, permanecendo oscilando entre uma antiga pobreza e uma nova riqueza transbordante.

UM OÁSIS BRANCO NO DESERTO

Se alguma vez você quiser fazer parte daquela pequena porcentagem de viajantes que decidem visitar o Turcomenistão, saiba que a empreitada não será simples nem barata. Primeiramente, você precisará de um visto. Ao navegar pelos principais sites de reserva de hospedagem *on-line*, você também descobrirá que os hotéis da capital, Asgabate, não estão disponíveis. Se você alterar as datas, o resultado não mudará. A razão é que os turistas com destino ao Turcomenistão devem delegar a organização da viagem a uma agência autorizada pelo Estado, a qual será responsável pela visita durante toda a estada. Esqueça-se dos longos passeios para eternizar com a sua câmera tudo o que lhe acontece: você será informado de que a maioria dos monumentos não pode ser fotografada. Por motivos obscuros de segurança, é proibido tirar fotos de prédios do governo, de palácios presidenciais e até de escritórios administrativos em Asgabate. As exceções são fontes, mesquitas e algumas estátuas. Mas se a presença de um guia e as inúmeras patrulhas policiais lhe dão a impressão de nunca estar sozinho, você também descobrirá que em Asgabate é impossível afastar a sensação de solidão, porque não é que falte infraestrutura, faltam pessoas. É uma cidade perpetuamente vazia.

Em 2014, a jornalista norueguesa Erika Fatland fez uma reportagem intitulada *Sovietistan* [Sovietistão] na qual relata a sua viagem às cinco repúblicas da Ásia Central. A entrada e a permanência no Turcomenistão foram os momentos mais difíceis, tanto pela rigidez dos critérios para obtenção do visto quanto pelo sentimento de angústia e estranhamento que a acompanhou durante os seus passeios pelo país. Por sorte, na época, Fatland ainda estava matriculada na Universidade de Oslo. Isso lhe permitiu declarar que era apenas uma estudante e que a sua viagem não passava de meras férias por motivos culturais. Se ela tivesse se apresentado como jornalista, o pedido de visto teria retornado ao remetente.

Graças a relatos de viagem como o *Sovietistão*, o Google Maps e alguns vídeos no YouTube, sabemos que Asgabate é um lugar absurdo, mas belíssimo. Apelidada de Cidade Branca, é oficialmente a cidade com mais fachadas de mármore por metro quadrado, bem como com o sistema de fontes mais extenso do mundo. Uma escolha curiosa, visto que mais de 80% do Turcomenistão é constituído pelo deserto de Karakum e quase toda a população não tem acesso a água corrente. Até os hotéis — praticamente todos revestidos de mármore, e em termos de luxo e suntuosidade sem ter muito a invejar das estruturas de Dubai — estão vazios. Ou melhor, não têm hóspedes, porque o pessoal está e trabalha lá o ano todo, sete dias por semana. Ao longo das ruas de oito pistas, ladeadas por pontos de ônibus (vazios) com ar-condicionado, de vez em quando um reluzente Mercedes passa zunindo. Todos os prédios dos ministérios, feitos exclusivamente com mármore italiano de Carrara, foram projetados com o objetivo de deixar qualquer um sem palavras. Cada um tem uma aparência distinta: o Ministério das Relações Exteriores ostenta, no topo, um globo; o da Educação, um livro entreaberto; o das Comunicações, uma tela de televisão. Em detrimento da aparência moderna dos shoppings, esqueça as famosas redes de *fast fashion*, marcas de luxo ou do onipresente McDonald's: dentro você encontrará apenas bazares que vendem bijuterias, tapetes, roupas típicas e restaurantes com uma seleção de pratos turcos.

À noite, o branco das fachadas dá lugar a um show de luzes e fontes de ofuscar Las Vegas, e a única coisa que se quer é curtir a cidade até o nascer do sol, entre um drinque e um cigarro com os amigos. Claro, não se pode fazer isso. A venda de bebidas alcoólicas é limitada em quase todos os lugares, fumar ao ar livre e em locais públicos é proibido, e o toque de recolher começa às vinte e três horas: se você for pego na rua, vai direto e caladinho para a prisão.

No entanto, o aspecto mais perturbador de Asgabate não é o uso desproporcional de policiais para patrulhar as ruas, nem a quantidade de câmeras de videovigilância ou a ausência de um número mínimo de seres humanos. É o olhar de Berdimuhammedow, cravado diretamente na cabeça, que segue você a cada passo.

Mas vamos dar um passo atrás e voltar à queda da União Soviética. Oficializada a independência do país, faltava um presidente capaz de orientar o destino do povo turcomano sem mais diretivas de Moscou. Na verdade, não era preciso procurar muito, porque esse presidente sempre esteve lá. Já chefe do Soviete Supremo do Turcomenistão, Saparmyrat Nyýazov havia sido adversário das políticas de Mikhail Gorbachev (1931-2022), o último líder soviético, além de ter aproveitado o processo de desintegração da URSS para se separar dela o quanto antes. Com o colapso definitivo da URSS em 1991, Nyýazov transformou o Partido Comunista no Partido Democrático do Turcomenistão, proibindo por lei a formação de outros grupos políticos.

No dia da eleição, ele se viu vencedor com o máximo de votos: não havia nem sombra de outros candidatos.

Em dezembro do mesmo ano, apareceram alguns sinais nada tranquilizadores. Uma nova lei relativa à "honra e dignidade do presidente" deu a

Nyýazov o direito de destituir qualquer um que expressasse pontos de vista diferentes dos seus. Como costuma acontecer entre personagens despóticos, Nyýazov escolheu um apelido reconfortante, mas autoritário, para si mesmo: ele logo se tornou Turkmenbashi, ou "o pai de todos os turcomanos".

Todavia, de Saparmyrat Nyýazov, que ganhou destaque como o mais egocêntrico dos ditadores contemporâneos, e das suas loucuras absurdas falaremos daqui a alguns capítulos. Por enquanto, vamos nos concentrar no seu sucessor, Gurbanguly Berdimuhammedow, que também não brinca em termos de excentricidades.

Gurbanguly Berdimuhammedow está entre os presidentes com o nome mais longo de todos os tempos, e isso já promete muito. Não só isso: a sua nomeação não se deu por laços de parentesco ou méritos políticos particulares, mas pelo seu trabalho e por um paciente muito VIP. Gurbanguly era (e isso não é brincadeira) o dentista de Nyýazov.

A ascensão de Berdimuhammedow ao poder é cheia de reviravoltas. Nascido em 1957 em Babarap, Gurbanguly cresceu como filho único, junto com sete irmãs. O pai, Mälikguly Berdimuhamedovç Berdimuhammedow, é policial, e a mãe, Ogulabat Ataýevna Kürräýewa, tecelã.

Aos vinte e dois anos, Berdimuhammedow se formou em medicina odontológica* e se mudou para Moscou a fim completar os seus estudos, e lá obteve o doutorado em odontologia. Trabalhou como dentista por quinze anos, e em 1997 foi nomeado ministro da Saúde por Turkmenbashi e, finalmente, vice-primeiro-ministro.

Durante o governo de Nyýazov, vários membros do governo são mortos sucessivamente e substituídos em pouco tempo, dependendo do humor do presidente. Todos, exceto Berdimuhammedow. Existem duas teorias sobre o motivo dessa singularidade. A primeira é que Berdimuhammedow era um

---

* No original, o autor faz a distinção entre *odontoiatria* e odontologia. No caso em questão, a odontoiatria é um ramo do curso de medicina, e a odontologia é a especialização dentro desse ramo. No Brasil, por exemplo, a odontologia é um curso autônomo. Para fins de clareza, usaremos a expressão medicina odontológica e odontologia. (N. T.)

GURBANGULY BERDIMUHAMMEDOW (1957)

hábil estrategista, capaz de se mover nas hierarquias políticas sem nunca capitular, mas cedendo aos caprichos de Turkmenbashi. Relatos de diplomatas americanos vazaram para o Wikileaks em 2010, mas discordam, contudo, desta versão: "Berdimuhammedow não gosta de pessoas mais inteligentes do que ele. E como ele não é um tipo particularmente perspicaz, desconfia de muitas pessoas".

A segunda versão, a mais plausível, mas não isenta de discrepâncias, é que Berdimuhammedow, na verdade, é filho ilegítimo de Nyýazov. Isso explicaria a carreira deslumbrante sem percalços e a semelhança física marcante entre os dois.

De acordo com a lei turcomena, o presidente do Parlamento deveria, por direito, ter sucedido o presidente da República após a sua morte. Mas quando, em 2006, Turkmenbashi morreu, não foi isso o que aconteceu. O presidente do Parlamento foi preso no mesmo dia, dando lugar, segundo a ordem hierárquica, ao vice-primeiro-ministro.

O Turcomenistão de Gurbanguly Berdimuhammedow não é muito diferente do de Nyýazov. Se Turkmenbashi amava o ouro a ponto de encher Asgabate de estátuas e cúpulas do metal precioso, o seu sucessor preferiu estátuas ainda maiores, mas em mármore branco. Se o primeiro gostava de publicar dezenas de livros em seu nome, alguns dos quais viraram verdadeiros livros didáticos, o segundo montou um curso universitário denominado "Ciências Berdimuhammedovianas".

A lista de semelhanças, em termos de culto à personalidade, é interminável. No entanto, inicialmente, com a tomada de posse de Berdimuhammedow, o rigor sobre a população parecia estar em processo de atenuar-se. Nyýazov odiava tanto a ópera e o balé que os proibiu por lei. Mesmo cães, cujo cheiro ele detestava profundamente, não eram permitidos em Asgabate. O seu sucessor não só reintroduz a ópera e o balé, construindo um dos maiores teatros do mundo, como ama tanto os cães (especificamente o alabai, uma raça nativa de molossos) que lhes dedicou uma estátua e um dia de festa nacional.

No entanto, a experiência ensina que o amor pelos animais nem sempre é garantia de amor universal. No Turcomenistão da era Berdimuhammedow, as liberdades civis são reprimidas de todas as formas possíveis, a começar pela de opinião.

DE PAIS, FILHOS E BARATAS

Os Estados da Ásia Central sempre tiveram uma relação complicada com a imprensa, e o Turcomenistão não é exceção. A passagem do antigo para o novo presidente, com a reintrodução de algumas formas de entretenimento, fez o mundo ocidental acreditar que havia a possibilidade de abertura também para os meios de comunicação.

Em 2008, a reação de Berdimuhammedow ao ver um "convidado indesejado" nos estúdios de televisão acabou com qualquer dúvida.

É uma noite de fevereiro, e o apresentador do noticiário do Estado está anunciando as notícias do dia. Ao olhar diretamente para a câmera, ele não se dá conta da simpática barata andando na sua mesa. Nem mesmo o cinegrafista, os locutores ou outros presentes percebem, porque a mesma edição é repetida algumas horas depois. No dia seguinte, funcionários do Ministério da Vigilância Televisiva (sim, existe um ministério com esse nome no Turcomenistão) chegam ao estúdio com ordens para demitir de imediato trinta funcionários da emissora. Na prática, toda a equipe editorial.

Para o presidente, o incidente da barata é imperdoável. A razão tem a ver com o ideal distorcido que muitas vezes os ditadores têm, convencidos de que a imagem do país que dirigem coincide com a de si próprios. Apresentar-se em público coberto de ouro, acompanhado por uma multidão que o adora, tem um forte valor simbólico. Serve para dizer a outras nações, vizinhas ou não, que o seu é um país próspero repleto de habitantes felizes. Encher a capital de ouro e mármore, até os limites do kitsch, é anunciar que o Turcomenistão é um Estado riquíssimo, repleto de gás natural, e que a sua receita é tão alta que dá para pavimentar uma calçada com os materiais mais caros.

Pouco importa se, saindo de Asgabate, a maior parte da população ainda vive em casas de barro, em aldeias que parecem cenário de um filme ambientado na Idade Média. Esse Turcomenistão nunca vai chegar à TV, e, assim sendo, não existe.

Dessa forma, pelo mesmo raciocínio, se bem que com os papéis invertidos, uma barata que aparece na frente da câmera está dizendo que o estúdio da TV estatal é sujo, que o país também é sujo e, portanto, que o seu presidente do mesmo modo o é. Essa explicação deve ser mantida em mente. Será útil sempre que, estudando um regime, você se perguntar por que gastam tanta energia escondendo um problema em vez de resolvê-lo.

De problemas escondidos debaixo da areia o Turcomenistão está cheio. Afinal, sendo um Estado quase totalmente deserto, tem muita areia (eu sei, é uma piada horrível, mas não resisti).

O mais recente diz respeito aos misteriosos desaparecimentos de crianças que chocaram Asgabate e Mary, a quarta maior cidade do país. O fenômeno foi notificado por algumas emissoras russas em 2021 e até hoje ninguém sabe a que ponto estão as investigações. Esse flagelo já assolava o Turcomenistão, mas com números menos alarmantes. Como em todos os países onde a pobreza e o analfabetismo são galopantes, também aqui é fácil encontrar crianças vivendo nas ruas, sem qualquer proteção, mendigando comida ou alguns trocados. Muitas vezes, o seu desaparecimento nem sequer é relatado. Mas já há algum tempo também estão perdendo o rumo crianças que são devidamente cuidadas pelas suas famílias, estas, por sua vez, prontas para catapultarem-se para a primeira delegacia. Apesar disso, o governo não tem interesse em aumentar as buscas. Até porque isso significaria admitir que as muitas patrulhas policiais pela capital não são assim, de fato, tão eficientes.

Para atualizar os números e a dinâmica dos desaparecimentos, há somente uma fonte: a rádio Azatlyk, a única mídia internacional em língua turcomana que informa de modo independente sobre questões políticas, econômicas, culturais e de segurança no país. Embora esteja ela bloqueada pelo governo, os turcomanos que têm experiência com computadores podem acessá-la graças a um software de evasão que se conecta a servidores estrangeiros.

A Azatlyk foi inestimável durante a pandemia de covid-19, o que sempre foi negado pelo governo turcomano. Em dezembro de 2020, enquanto o mundo registrava setenta e quatro milhões de infecções desde o início da crise, Gurbanguly Berdimuhammedow disse à imprensa que o Turcomenistão havia sido "liberto" da covid. O crédito vai para o conselho que ele dera à população alguns meses antes: coma muito alcaçuz.

O "alcaçuz", declarou o presidente sem fornecer nenhuma comprovação científica, "impede o desenvolvimento do coronavírus. Mesmo uma baixa concentração na forma de extrato aquoso tem efeito neutralizante." Os turcomanos podiam dormir sonos tranquilos: "Temos reservas de alcaçuz suficientes para passar ilesos por este momento". Afinal, se é dito pelo médico mais famoso do país, além de ex-ministro da Saúde, é preciso confiar nele. Nem mesmo a visita de algumas delegações da Organização Mundial da Saúde, realizada no verão anterior, convenceu Berdimuhammedow a tornar a sua comunicação mais transparente. Tanto que quando o uso de máscaras também se tornou obrigatório no Turcomenistão, a culpa foi desviada para o aumento da poeira no ar, acusada de aumentar as chances de contrair várias formas de infecções. Entre elas, o Estado jamais mencionou a covid-19. Assim, enquanto o presidente propõe outras supostas curas milagrosas, como a harmala local, uma variante da arruda síria, reportagens na rádio Azatlyk relatam dados alarmantes. Diana Serebryannik, diretora do grupo Rights and Freedoms of Turkmenistan [Direitos e Liberdades do Turcomenistão], da mesma forma, afirma que os hospitais estão em colapso e que encontrar oxigênio e equipamentos vem se tornando cada vez mais difícil. Frequentemente os médicos são forçados a mandar os pacientes para casa, e as mortes não são oficialmente atribuídas a covid-19, mas a diferentes causas, como ataques cardíacos e doenças súbitas. O impacto real que a pandemia teve no país continua sendo um dos muitos mistérios do Turcomenistão.

Hoje, aos rostos falsamente bem-humorados de Saparmyrat Nyýazov e Gurbanguly Berdimuhammedow, protagonistas dos milhares de retratos afixados em todos os cantos de Asgabate, outro se soma. É o do novo presidente, ex-vice-presidente do Conselho de Ministros, eleito em março de 2022, com 72,97% das preferências: Serdar Berdimuhammedow. Seria supérfluo especificar que não se trata de homonímia: Serdar é o filho de quarenta anos de Gurbanguly, tão parecido com o pai na aparência, no olhar e nos movimentos que pode ser confundido com a versão dele rejuvenescida por algum aplicativo.

Berdimuhammedow filho herda um país sem uma indústria independente, uma população exaurida e sem atração para investidores estrangeiros. Um país que, no entanto, exporta mais de cinquenta bilhões de metros cúbicos de gás (dos quais quarenta bilhões só para a China) e que já está pronto para angariar novos compradores, a começar pelos seus vizinhos: o Afeganistão dos talibãs.

EM NOME DE ALÁ

A palavra "Afeganistão" traz à mente uma infinidade de imagens diferentes. Os vídeos de Osama bin Laden (1957-2011) gravados nas cavernas, os prisioneiros ajoelhados diante dos carrascos da Al-Qaeda, os soldados americanos nos tanques no centro de Cabul. Os nascidos nos anos 1990 (entre outros) vão se lembrar delas em quase todas as edições dos noticiários. A estas, desde agosto de 2021, juntou-se outra, igualmente dramática. Dezenas de civis, contra todo o bom senso, agarram-se a um avião que está partindo. Alguns desistem e se soltam, outros conseguem não cair até a hora da decolagem, momento de tocar o céu antes que a força da gravidade os mande de volta ao solo, sem vida. Na imagem dos cidadãos afegãos tentando fugir do aeroporto de Cabul está todo o desespero de quem sabe o que esperar do retorno de um antigo pesadelo: os talibãs. Mais de um ano após a retirada do contingente americano, o Afeganistão é um país de joelhos. Nos primeiros nove meses, com a saída do ex-presidente Ashraf Ghani, a economia encolheu mais de 40%, milhões de pessoas passam fome e não há mais respeito aos direitos humanos. De acordo com um relatório da Save the Children [Salvem as Crianças], um quinto das famílias no Afeganistão foi forçado a enviar os seus filhos para o trabalho devido à queda na renda, e pelo menos um milhão de crianças estão envolvidas no trabalho infantil. Um número destinado a aumentar, uma vez que a educação não é mais garantida pelo Estado. Para relembrar um momento histórico tão sombrio, precisamos voltar ao período compreendido entre 1996 e 2001, quando no comando estava sempre ele, o Talibã.

Em 1979, o Afeganistão se tornou palco de uma guerra entre a República Democrática do Afeganistão, apoiada militarmente pela União Soviética, e os *mujahideen*, grupos guerrilheiros armados que se opunham à invasão de Moscou. Os *mujahideen* conseguem se armar graças a subsídios dos Estados Unidos, Grã-Bretanha, Paquistão e Arábia Saudita, como parte da Operação Ciclone, uma das operações secretas mais caras da CIA, criada para fazer frente à expansão soviética. Apesar das tentativas do Krêmlin de restabelecer o equilíbrio, ele logo percebe que manter o controle sobre o país é um grande desperdício de homens e energia. Em 1989, as tropas soviéticas se retiram, deixando um Afeganistão em plena guerra civil, onde se enfrentaram os mesmos grupos que haviam lutado lado a lado alguns anos antes.

Entre os *mujahideen* que se destacam pela perspicácia e capacidade de liderança está Mohammed Omar. De etnia pachtun, grupo etnolinguístico indo-europeu, ele nasce, em 1959, em um vilarejo rural não muito distante da cidade de Kandahar. Depois de cuidar da sua família no lugar do seu pai, que morreu muito cedo, ele se junta aos combatentes do Movimento Revolucionário Islâmico na luta contra os soviéticos. Testemunhas o descrevem como uma espécie de *highlander*: Omar foi gravemente ferido quatro vezes, e veio a perder, inclusive, um olho, mas sempre se recupera. Aos seus companheiros conta que, após um tiro, ele mesmo arrancou o projétil e costurou sozinho a pálpebra com agulha e linha. Os membros da Cruz Vermelha, que na época prestava ajuda no Afeganistão, posteriormente negaram o incidente, declarando que a ferida foi operada por um dos seus cirurgiões. Nesse meio-tempo, Omar começa a frequentar uma madrassa, escola onde se estuda teologia e direito islâmicos. Torna-se um mulá, ou seja, um guia espiritual à frente de uma comunidade religiosa, e em 1994 recruta cerca de cinquenta alunos de escolas corânicas com o objetivo de "restaurar a paz e a segurança" depois do período pós-soviético, mas também de estabelecer uma interpretação muito radical da *sharia*, a lei islâmica. O nome dado aos integrantes do grupo não é por acaso: "talibã" significa "estudante" em pachtun, a segunda língua mais falada no Afeganistão depois do dari.

Num piscar de olhos, um grupo de algumas dezenas de homens se torna uma organização armada de dimensões assustadoras. Ciente da sua própria força e determinado a assumir as rédeas do país, Omar e os seus seguidores conquistam Kandahar. Em 1996, apenas dois anos após o nascimento da organização, o Talibã chega à capital Cabul e assume o controle. Nesse período, o apoio de boa parte da população também contribuiu para que a ascensão do Talibã fosse tão rápida. Uma escolha que pode parecer maluca, mas, ao longo dos vários capítulos, entenderemos que é uma situação comum a muitos países: após a ocupação por um Estado inimigo, é natural confiar em compatriotas que demonstraram se importar com a sua pátria, distinguindo-se na batalha e arriscando as suas próprias vidas. Em uma fase tão caótica, os afegãos se sentiram tranquilos pelo papel que os talibãs conseguiram conquistar nos territórios que controlavam. Nas localidades onde substituíram o governo, tentaram estimular a recuperação econômica, restabelecendo as ligações rodoviárias destruídas, bem como combatendo qualquer ato de corrupção e ilegalidade. No entanto, eles também aplicaram a *sharia* na sua forma mais rígida, com punições e execuções públicas para aqueles que violassem a lei, juntamente com a obrigação de os homens deixarem crescer a barba e as mulheres usarem a burca. Um "pequeno efeito colateral" que os afegãos subestimam e do qual, infelizmente, logo se arrependeriam.

Com a conquista de Cabul, os talibãs fundam o Emirado Islâmico do Afeganistão, sem indicar um verdadeiro líder político, mas tirando proveito da forte liderança do mulá Omar. O Emirado foi reconhecido por apenas três países: Emirados Árabes Unidos, Paquistão e Arábia Saudita, com estes últimos dois continuando a fornecer aos talibãs apoio logístico, econômico e humanitário.

Em menos de dois anos, 90% do território afegão passa para as mãos dos guerrilheiros de Omar. E quanto mais cresce a sua sede de conquista, mais aumentam as limitações impostas ao próprio povo. A televisão, a música e o cinema passam a ser proibidos, assim como o cultivo da papoula do ópio, da qual o Afeganistão é riquíssimo. As mulheres são proibidas de conduzir bicicleta, moto e carro, de usar cosméticos e joias e de entrar em contato com qualquer homem que não seja o seu marido ou um parente.

Como o destino de um distante país desértico se cruzou com o da maior potência mundial é fácil de dizer. Em 1996, os talibãs recebem no Afeganistão as bases da organização terrorista Al-Qaeda, fundada no início dos anos 1990 por Osama bin Laden, filho de um rico empreiteiro iemenita. Bin Laden não é um rosto novo para os homens de Omar. Os talibãs lhe devem o dinheiro doado durante a sua resistência contra a União Soviética, e precisam retribuir o favor. Em agosto de 1998, a Al-Qaeda assume a responsabilidade pelos atentados às embaixadas americanas no Quênia e na Tanzânia. A motivação deve ser atribuída a uma vingança contra o Pentágono, acusado da extradição (nunca confirmada) e tortura de quatro terroristas pertencentes à jihad islâmica egípcia. Os Estados Unidos responderam bombardeando quatro instalações militares no Afeganistão, mas nem a Al-Qaeda nem o Talibã mostraram-se intimidados. Sob a proteção do mulá Omar, Osama bin Laden começa a preparar o maior ataque de todos os tempos ao coração do Ocidente: o atentado às Torres Gêmeas.

Em 11 de setembro de 2001, dois aviões comerciais são sequestrados por combatentes da Al-Qaeda e colidem com as Torres Norte e Sul do World Trade Center, em Nova York. Ambos os arranha-céus colapsam em menos de duas horas, causando a morte de milhares de civis. Um terceiro avião acaba no Pentágono, destruindo parte do prédio, enquanto um quarto avião, inicialmente direcionado para a Casa Branca, cai na zona rural da Pensilvânia graças à rebelião heroica dos passageiros.

Embora Bin Laden não tenha reivindicado imediatamente os ataques (ele o fez em 2004), um mês após a tragédia do World Trade Center, os Estados Unidos e o Reino Unido declararam guerra ao Afeganistão a fim de destruir a Al-Qaeda e derrubar o Talibã. Em poucas semanas, o regime foi removido do poder, e muitas figuras importantes de ambas as organizações fugiram para áreas fronteiriças ao Paquistão. A partir daquele momento, uma recompensa de vinte e cinco milhões de dólares passa a pairar sobre a cabeça do mulá Omar.

FUGA E MORTE DO MULÁ OMAR

Existe apenas uma foto de Mohammed Omar, fundador e eterno líder do Talibã. Diz-se que um jornalista corajoso aproveitou o dia em que, seguido por uma multidão de simpatizantes que o aplaudiam com o título de "comandante dos fiéis", o mulá subiu ao piso superior de um palácio vestindo o manto de Maomé (ou pelo menos aquilo que os afegãos consideram uma relíquia do profeta). Ele nunca gravou vídeos ou enviou mensagens para seus inimigos, a ponto de os americanos repetidamente acreditarem que ele estava morto. Mas toda vez que um talibã era capturado e interrogado pelos fuzileiros navais, a resposta era sempre a mesma: "O mulá está vivo e é o nosso guia".

Em 2002, os Estados Unidos estão a um passo da sua captura. Fontes de inteligência relatam que Omar está escondido em Baghram, no Sul do país, e que negocia uma trégua com os combatentes afegãos antifundamentalistas. A cidade é tomada pelos fuzileiros navais e pelas forças tribais opostas, a CNN inicia uma transmissão ao vivo declarando que a captura do mulá àquela altura era certa, e que era só esperar pela rendição. Mas quanto mais as horas passam, menos se tem notícias de Omar; e depois de uma espera infinita, só restava sentir o golpe: o líder talibã fugira.

Qual foi o subterfúgio para escapar de centenas de homens armados? Um túnel subterrâneo escavado em tempos menos suspeitos? Não. Um veículo blindado supercamuflado? Também não. Segundo fontes confiáveis da BBC, o mulá Omar escapou em uma motocicleta velha, sem deixar rastros.

Mesmo que a sua existência prenunciasse uma saída de cena em grande estilo, Mohammed Omar morre da maneira mais "humana" possível. Em 2015, vem oficialmente anunciada a sua morte, ocorrida em 2013 (ao que parece) devido à tuberculose. Na verdade, o homem mais procurado do mundo, depois de Osama bin Laden, conseguiu permanecer foragido até o final. Ainda hoje, ninguém sabe onde o seu corpo foi sepultado.

Todavia, como a história ensina, muitas vezes nem mesmo a morte pode atrapalhar o "grande desígnio" de um ditador. Imaginemos se ele então recebesse "aprovação divina" como o mulá (afinal, qual ditador não a recebe?). Assim, no Afeganistão do terror 2.0, escalando o topo da nova organização talibã está um filho de trinta anos que seguiu os passos da família: Mohammad Yaqoob, filho mais velho de Omar, pronto para assumir o legado do pai. E algo nos diz que ainda ouviremos falar do mulá Mohammad no noticiário.

VIVENDO SOB UMA DITADURA

> "Todos os povos do mundo aspiram à liberdade, à independência, à soberania, à justiça social, à cultura, à paz, e por elas lutam."
>
> **ENVER HOXHA**
> (um cara coerente)

Se é verdade que as ditaduras não são todas iguais, cada ditadura é infeliz a seu modo. Isso, é claro, aplica-se apenas ao povo ou, eu ousaria acrescentar, quase sempre. Porque para entender o ponto de vista de tantos cidadãos que vivem sob um regime, temos que deixar o nosso de lado.

Aqueles que nasceram e cresceram sob a proteção da democracia tomam como certo que podem comprar bens e, quando o fazem, que se tornam os seus legítimos proprietários. Ou que os valores comuns da sociedade incluem a tolerância e o respeito em relação a quem tem ideias diferentes, as mesmas que todos podem expressar sem medo entre amigos, na praça ou na internet. Estamos tão acostumados com as nossas liberdades que não as consideramos mais como tal, e isso é bom: não é por acaso que, no nosso sistema legislativo, nós as definimos como "liberdades fundamentais".

O mesmo costume nos leva a crer que essas liberdades são desejadas por quem ainda não tem acesso a elas. Isso é falso: muitos as querem, mas não todos. E o paradoxo é que, muitas vezes, quem não as quer são as populações mais oprimidas.

Os motivos são dois, e o primeiro é banal: se você não sabe que está vivendo em um regime, não está interessado em derrubá-lo. Parece absurdo, mas isso acontece há anos na Coreia do Norte, sob o governo da dinastia Kim. Essa condição é favorecida por atividades de propaganda, pouca capacidade crítica e analítica e a proibição aos cidadãos de viajarem para fora das fronteiras do Estado.

A segunda tem a ver com as cicatrizes da pobreza. Povos que sofreram longos períodos de guerra ou fome estão frequentemente dispostos a barganhar a sua liberdade por segurança econômica. A memória da fome é tão viva que ter um emprego, poder comprar um carro e uma casa continuam sendo as únicas prerrogativas.

BREVE HISTÓRIA DA COREIA DO NORTE

Embora no papel seja uma República, a Coreia do Norte é de fato governada por um único clã familiar que, na forma, lembra vagamente uma monarquia absoluta. Traços "socialistas" foram substituídos por outros cleptocráticos: demos as boas-vindas ao nepotismo, à corrupção e à ineficiência governamental.

Kim Il-sung, o fundador da dinastia, nasceu em Pyongyang, em abril de 1912, em uma família de camponeses que se refugiou na Manchúria alguns anos depois do seu nascimento, após a ocupação japonesa. Já adulto, após uma passagem pela Sibéria a fim de combater o avanço japonês, ele voltou para casa com o posto de major do Exército Vermelho. Pouco tempo depois, iniciou a sua ascensão ao poder: em 1945 tornou-se chefe do governo comunista, e em 1948 proclamou-se primeiro-ministro da República Democrática da Coreia. Grande admirador de Stálin (1878-1953), inspirou-se na sua política de terror, abrindo gulags e campos de trabalho para encarcerar prisioneiros e adversários políticos.

É junho de 1950 quando Kim Il-sung decide expandir as suas fronteiras e inicia a invasão do sul pró-ocidental. A intervenção das forças americanas frustra os seus planos, e, três anos e centenas de milhares de mortos depois, ele é forçado a assinar um armistício. Em 1953, a Coreia é dividida em duas por uma cortina de ferro mais impenetrável que o Muro de Berlim.

Em detrimento da economia, abandonada a si mesma após o fracasso da indústria pesada, Kim Il-sung transforma a Coreia do Norte em um dos principais fabricantes de armas do mundo e se lança em um ambicioso programa de armamentos atômicos. Ao longo dos anos, o Líder Supremo se cerca por um grotesco culto à personalidade e espalha estátuas imponentes de autocongratulação por todo o país. Ele morre em 8 de julho de 1994, e o seu funeral é assistido por um milhão de pessoas em lágrimas.

Ele é sucedido por seu filho, Kim Jong-il (1941-2011), que havia sido nomeado general na década de 1980. Em 1997, Kim Jong-il se tornou secretário do Partido dos Trabalhadores, obviamente por votação unânime. No mesmo período, a economia norte-coreana entra em colapso, e o novo líder enfrenta uma onda de fome severa. Secas e inundações destroem anos de colheitas, e as pessoas se veem obrigadas a comer grama e cascas de árvore. O país sobrevive apenas graças à ajuda alimentar internacional, mas o regime continua gastando recursos econômicos no seu programa nuclear.

Hoje a Coreia do Norte está nas mãos de Kim Jong-un, também um herdeiro da dinastia Kim, que se tornou famoso no Ocidente pelas contínuas ameaças aos Estados Unidos. Ele foi protagonista de alguns embates com Donald Trump — a ponto de ganhar do ex-presidente o apelido de "Rocket

Man" [Homem Foguete] —, com discussões de grande valor diplomático como: "Olha que o botão da minha bomba atômica é maior que o seu". Se do exterior o rosto redondo e o estranho penteado de Kim Jong-un sugerem algumas piadas, na vida dos norte-coreanos há muito pouco do que rir.

A DURA LEI DO *SONGBUN*

Quem é apaixonado por sagas distópicas, como *Divergente*, *Maze Runner* ou *Jogos Vorazes*, sabe que entre os elementos que não podem faltar está um governo totalitário e uma divisão dos cidadãos em privilegiados e oprimidos. Que isso seja feito através da criação de castas, grupos ou distritos dá no mesmo. No geral, o Estado exerce o direito de vida ou morte sem que haja oposição, e quem mais sofre é a população que se rebela contra essa sua condição prévia.

Na Coreia do Norte, funciona mais ou menos da mesma forma. O modo de vida do cidadão depende da *songbun*, isto é, da casta a que pertence. Aqueles dos níveis inferiores ficam isolados nas áreas rurais, ao passo que os mais ricos vivem quase todos em Pyongyang, a capital. Os seus destinos não poderiam ser mais diversos, no entanto nem mesmo os privilégios garantem a felicidade.

"Pode-se dizer que viver em Pyongyang é um pouco como estar dentro da Matrix", escreve o jornalista britânico Daniel Tudor. "Contudo, não nos esqueçamos", acrescenta, "de que os norte-coreanos não são robôs, mas pessoas reais".

De acordo com os estrangeiros que viveram na capital, os cidadãos estão acostumados a não fazer (nem a si mesmos) muitas perguntas. Eles crescem com a ideia de que a Coreia do Norte é um paraíso ao passo que o resto do mundo é um lugar repleto de perigos. A falta de curiosidade sobre o que acontece fora das fronteiras é influenciada pela memória da Guerra da Coreia, conflito que intensificou muito o já tenso clima da Guerra Fria. Como já mencionado, em 1950, para retardar o avanço do Exército norte-coreano em direção ao sul, a Força Aérea dos EUA implementou a maior campanha de bombardeios de todos os tempos. Em três anos, o uso de explosivos, bombas incendiárias e napalm levou à destruição de 85% dos edifícios e de quase todas as aldeias. Apenas em Pyongyang foram lançadas cerca de quatrocentas mil bombas americanas. A falta de edificações levou os civis a se refugiarem em cavernas, onde se iniciou um longo período de fome. Como o terror ainda está vívido nas mentes de jovens e idosos, o governo se empenha em manter a chama acesa. O Estado relembra aos cidadãos que a ameaça americana e de Seul está sempre a cada esquina, e que somente ele pode garantir proteção. Por outro lado, em troca pede apenas que a população se comporte "bem" e que seja grata pela paz e pela atual prosperidade.

A essa prosperidade tem acesso os *donju* (literalmente "senhores do dinheiro"), uma nova classe empresarial próxima ao governo que ganha com a importação de utensílios domésticos, remédios e produtos de luxo da China. Em seguida estão os membros do *songbun* mais alto, geralmente profissionais, advogados, médicos, professores. Mas, como o lema do Estado é "Quem quer comer arroz também deve plantá-lo", todos os norte-coreanos, independentemente da sua casta, são chamados a realizar serviços públicos.

A partir de um relatório do Human Rights Watch, publicado em 2017, parece que "para cada família norte-coreana, um dos membros é obrigado, por pelo menos duas horas por dia, seis dias por semana, a contribuir para a construção do governo ou projetos públicos de melhoria, como construir instalações, reparar estradas, recolher escombros ou limpar espaços comuns". Nem mesmo os adolescentes são dispensados dessas tarefas: no período da lavoura, da semeadura ou da colheita, as escolas enviam os seus próprios alunos para trabalhar no campo.

Jonathan Corrado, diplomata europeu e atual diretor do Korea Society, presume que uma das razões pelas quais os norte-coreanos não gostam de falar sobre política é que estão tão cansados no final do dia que a única coisa que querem é descansar. Dito assim pode parecer uma desculpa, mas o regime planejou isso também: encher a população de compromissos, obrigando-a a pouco tempo livre, é uma boa forma de evitar que ela pense demais.

MANBANG, A NETFLIX QUE TE ESPIONA

O que fazem os norte-coreanos nos seus raros momentos de lazer? Como nós, ocidentais, eles também gostam de relaxar no sofá assistindo à TV. Só que eles não têm Netflix, nem Amazon Prime, ou qualquer outra plataforma que venha à sua mente: são todas ilegais. A venda de CDs e DVDs também é proibida. Claro que podem ser comprados no mercado negro, mas isso envolve um certo risco. Em compensação, o governo criou o Manbang (algo como "em todos os lugares", "todas as direções"), um serviço com cinco canais transmitindo notícias e programas educacionais aprovados pelo Estado. A programação oferece eventos esportivos nacionais, aulas de russo, documentários sobre os líderes do comunismo. Resumindo, melhor que *Game of Thrones*.

Mas, brincadeiras à parte, o regime conhece bem o poder das séries de TV. Kim Jong-un tem uma queda por produções hollywoodianas, e também ele, assim como Idi Amin Dada, é fã dos filmes da Disney (que fofo!). Nos últimos anos, o nível das novelas norte-coreanas melhorou, e o governo continua investindo na indústria de *streaming* de TV. No entanto, esse crescimento requer alguns esclarecimentos. Na Coreia do Norte, não existe internet. Existe um substituto, chamado Kwangmyong, que permite aos usuários acessar serviços de correio integrados e usar uma ferramenta de busca dentro do país. Ao contrário da nossa internet pública, o Kwangmyong possui o seu próprio sistema de DNS, que permite filtrar pesquisas e redirecionar consultas apenas para sites aprovados pelo governo. Portanto, os cidadãos não têm acesso a nenhum recurso da rede mundial.

A plataforma de *streaming* Manbang funciona por meio da Kwangmyong e de um decodificador que é fornecido aos assinantes. Recentemente, foram incluídas séries de TV particularmente apreciadas pela população. A primeira, cujo título em português seria *Os coletores de ginseng selvagem da guerra de Imjin*, reapresenta o tema da ocupação japonesa durante a Segunda Guerra Mundial, um dos mais amados pelo regime e já retrabalhado em dezenas de outros filmes. A segunda conta a história de um agente secreto que luta contra "inimigos não totalmente especificados" que buscam destruir o país. Além disso, a série cômica *Our Neighbours* [Nossos vizinhos], ambientada em um grande prédio no bairro de Changjon Street, em Pyongyang, apresenta alguns condôminos que, com ironia, falam sobre cenas da vida cotidiana; enquanto *The Boy General* é a continuação de um desenho animado já conhecido no país, retrabalhado com um novo design gráfico no estilo *anime* japonês. Aqui também, e eu não estou fazendo isso de propósito, o protagonista é um guerreiro que luta contra os invasores, desta vez na antiga Coreia de 500 d.C.

O Manbang representa uma grande oportunidade para Kim Jong-un e o governo. Um entretenimento de qualidade ajuda a reduzir a percentagem da população que procura conteúdos ilegais do outro lado das fronteiras, o que aumenta a eficácia da propaganda. Além disso, graças à plataforma, é possível monitorar as preferências do público e até saber se e quantos cidadãos deixaram de ver um documentário sobre o chefe de Estado.

Último ponto: com o Manbang, o "querido" Kim pode dar vazão ao seu talento criativo e à sua paixão pela cultura americana. Uma paixão que ele compartilhou por muito tempo com o seu irmão Kim Jong-nam (1971-2017), antes que este morresse em circunstâncias misteriosas.

KIM JONG-UN
(1983)

O URSO GORDO VOA PARA A DISNEYLÂNDIA

No início, não era apenas Kim Jong-un quem disputava a liderança da Coreia do Norte. De fato, sendo o caçula de três irmãos, era improvável que fosse designado como o herdeiro principal. Da sua parte, ele sempre demonstrou uma certa tenacidade na busca dos seus objetivos, e isso não passou despercebido aos olhos do seu pai, Kim Jong-il.

Em 1980, o ex-ditador da Coreia do Norte tem certeza de que será sucedido pelo filho mais velho, Kim Jong-nam, nascido do seu caso extraconjugal com a atriz Song Hye-rim (1937-2002). A existência da criança permanece ocultada até ela completar quatro anos de idade. Uma vez reconhecido pelo pai, Jong-nam começa a crescer na luxuosa casa da família em Pyongyang, ganhando também um apelido: seguindo os passos do avô, descrito como um "grande líder", e do seu pai como um "líder corajoso", Jong-nam se torna "o pequeno general". Ele é nomeado chefe da contraespionagem da polícia secreta, mas, com o tempo, mostra-se um tipo pouco confiável, sujeito a vícios, como prostitutas e jogos de azar. Em meados da década de 1990, amadurece em Kim Jong-il a ideia de ter que escolher outro filho em quem projetar expectativas futuras.

Mesmo o segundo filho, Kim Jong-chul, filho da dançarina japonesa Ko Young-hee (1952-2004), parece pouco inclinado a comandar. Ele estuda na Suíça desde criança e adora escrever poesia. De acordo com o livro de Hyung Gu Lynn, *Bipolar Orders: The Two Koreas since 1989*, esta é uma das suas citações: "No meu mundo ideal, não há armas ou bombas atômicas, e todas as pessoas são livres". Ok, ele também não pode definir-se como o orgulho do papai.

Voltando a Kim Jong-nam, para tirar qualquer dúvida sobre o seu futuro como líder, haverá um episódio que o rotulará para sempre com a marca da desonra.

Em 2001, no posto fronteiriço do aeroporto de Narita, a polícia prendeu um rapaz dominicano chamado Pang Xiong. A autenticidade do passaporte está para ser verificada, mas o que levanta as principais suspeitas é o nome: *pang xiong* em chinês significa "urso gordo". A coincidência é muito estranha, até porque o jovem tem feições exclusivamente asiáticas, então as autoridades japonesas contatam a embaixada chinesa para uma verificação. Pang Xiong é deportado para Pequim e, durante o interrogatório, revela a sua verdadeira identidade: trata-se de Kim-Jong-nam, filho do líder supremo da Coreia do Norte. Ao ser questionado sobre o motivo de ter entrado clandestinamente no Japão, a sua resposta é desarmante: "Eu queria visitar a Disneylândia de Tóquio". Uma desculpa esfarrapada para encobrir uma operação de espionagem ultrassecreta? Não, a pura verdade. Kim Jong-nam realmente só queria visitar a Disneylândia, e a notícia é tão absurda que ela logo estará dando a volta ao mundo. Envergonhado, Kim Jong-il cancela a sua visita anual a Pequim, marcada para a semana seguinte. A relação entre pai e filho está às avessas, e agora é certo que as chances de uma transferência de poder são menores que zero.

Resta quem? Kim Jong-chul, por sua vez, passou de poeta sensível a roqueiro. Em 2006, a inteligência sul-coreana relata que ele foi flagrado na Alemanha, durante um show de Eric Clapton, seu guitarrista favorito. Jong-chul segue as turnês várias vezes; as câmeras japonesas o imortalizam cantando a plenos pulmões usando jaquetas de couro, óculos escuros e brincos. Na sua autobiografia, o ex-cozinheiro pessoal de Kim Jong-il escreve sobre o quanto o líder norte-coreano odeia o seu segundo filho: "Para o seu pai, Kim Jong-chul tem o coração caloroso de uma mulher. Um sujeito muito efeminado para liderar uma nação viril como a Coreia do Norte". O que Kim Jong-il quer dizer com o adjetivo "efeminado" não está claro. Ele provavelmente está se referindo às suas roupas, às suas posições antiguerra ou ao seu estilo de vida ocidental. Ou talvez signifique que Kim Jong-chul é gay, fato considerado ainda mais grave visto que a homossexualidade na Coreia do Norte ainda hoje é inaceitável.

A última esperança do líder supremo é Kim Jong-un, o filho caçula. Na realidade, haveria também duas filhas, mas, se a Coreia do Norte é "muito viril" para Jong-chul, que esperança têm as mulheres?

Por sorte, Kim Jong-un tem uma aptidão natural para a liderança, bebe muito e nunca admite a derrota. O seu pai, que também costuma beber e eliminar os oponentes o mais rápido possível, está entusiasmado com isso. Até a semelhança física entre os dois é impressionante.

Como os dois irmãos antes dele, Kim Jong-un estudou disfarçado na Suíça, provavelmente na Escola Internacional de Berna. Segundo o jornal *Hebdo* (não, não é o francês *Charlie*, este é o suíço), ele teria usado o nome Pak Chol. Os colegas de escola de Kim Jong-un acreditam que ele é o filho de um dos motoristas da embaixada norte-coreana. Eles o descrevem como alguém tímido e desajeitado, mas um amante de esportes coletivos, especialmente do basquete. O seu ídolo nos esportes é Michael Jordan, e o seu ator favorito, Jean-Claude Van Damme. Ele aprende inglês, francês e alemão, mas já não se deixa seduzir pelos hábitos ocidentais, e a impressão é que se sente sempre um peixe fora d'água. Aos quinze anos, sem nunca ter feito o exame final, volta para casa para frequentar a academia militar. Kim Jong-il começa a preparar o caminho da sucessão, conferindo ao filho cargos de prestígio. Em menos de dez anos, Kim Jong-un é nomeado general e membro da Comissão de Defesa Nacional. Com o agravamento da saúde do pai, que se recuperava de graves ataques cardíacos, o jovem começa a aparecer cada vez mais, ganhando o apoio do público, que lhe canta canções de glória.

UMA CÂMERA ESCONDIDA QUE TERMINOU MAL

Nesse ínterim, temos notícias fragmentadas do pobre Kim Jong-nam. Ele é localizado pela imprensa em Moscou, Paris e Bangkok; dizem que vive numa *villa* blindada em Macau, a Las Vegas asiática, onde continua a esbanjar a sua fortuna entre festas e cassinos. Em 2009, ao tomar conhecimento da nomeação do irmão como futuro líder do país, deu uma entrevista à TV japonesa: "A sucessão por herança não é permitida. Eles não fizeram isso nem para Mao: não é socialismo. O meu pai era contra isso".

De todo modo, o governo norte-coreano continua negando a sua distância de Pyongyang. Mas a sua ausência, tanto durante o funeral do pai quanto na cerimônia de posse do irmão, causa grande rebuliço. Se Kim Jong-nam realmente está em Pyongyang, por que perder dois eventos de tamanha importância?

Em 2011, novos rumores relatam que Kim Jong-nam está em Pequim sob vigilância dos serviços secretos e protegido de possíveis tentativas de assassinato por assassinos norte-coreanos.

As opiniões sobre a legitimidade da sucessão são conflitantes. Para muitos, Kim Jong-nam nunca poderia ter subido ao poder porque é fruto de um caso extraconjugal. Por outro lado, outros acreditam que a liderança do país pertence a ele, e não a seu meio-irmão Kim Jong-un. Para evitar mal-entendidos, o regime emite a sua sentença: Jong-nam deve ser eliminado.

Em 2016, alguns diplomatas entraram em contato com Kim Jong-nam pedindo-lhe que voltasse para casa, mas ele se recusou. Mesmo quando um emissário do governo aparece em frente à sua *villa* em Macau, Jong-nam devolve a mensagem ao remetente e continua a ganhar tempo. Ele escreve uma carta ao irmão pedindo-lhe que poupe a sua vida, mas não obtém resposta. Apesar disso, os serviços secretos chineses continuam a protegê-lo. Em parte porque não querem problemas em casa; em parte, porque a hipótese de alguns jogos de poder já se estende há algum tempo. Preocupada com a falta de disciplina de Kim Jong-un, à mercê dos seus mísseis e jogos de guerra nuclear, Pequim está considerando uma possível substituição caso os Estados Unidos peçam-lhe para manter os caprichos de Pyongyang sob controle. Ter um Kim na manga, para ser puxado quando necessário, não é uma má ideia.

Infelizmente, o ás na manga não dura muito. Às nove da manhã de 13 de fevereiro de 2017, Kim Jong-nam se encontra na fila do portão de embarque no aeroporto de Kuala Lampur, na Malásia, para embarcar em direção a Macau, quando duas garotas se aproximam dele com uma lata de spray nas mãos: em uma fração de segundo, elas borrifam um líquido no seu rosto e dão no pé.

O pobre Jong-nam tem tempo apenas para alertar a segurança e ser levado para a área médica. Ele morre vinte minutos depois, dentro da ambulância, devido a uma parada cardíaca. Mais tarde, testes de autópsia confirmarão que um agente neurotóxico em concentração letal foi a causa da morte. As duas meninas, capturadas pela polícia, declararam no interrogatório que não sabiam o que continham as latas e que haviam sido contratadas por uma produtora de televisão. A sua tarefa era pregar peças nas pessoas que passavam. Esses esquetes iriam ao ar mais tarde em um programa de câmera escondida. Isso significa que alguém as enganou.

A história do trote de brincadeira vaza por todos os lados. Segundo a polícia malaia, as meninas agiram como profissionais: um único esguicho daquele líquido também as teria matado. Pelo contrário, nenhuma apresentava sinais de intoxicação e, após a emboscada, ambas correram para o banheiro para lavar as mãos. Observando-as a distância, também haveria quatro agentes norte-coreanos, filmados por câmeras de segurança. Uma verdadeira equipe apoiada por uma rede de espionagem que o RGB (serviço de inteligência) de Pyongyang supostamente desenvolveu na Malásia usando restaurantes e pequenas empresas têxteis como cobertura. Pena que a verdade oficial nunca será revelada.

A ALBÂNIA À ÉPOCA DE ENVER HOXHA

Como o regime da Coreia do Norte, muitas outras ditaduras contemporâneas nascem dos escombros da Segunda Guerra Mundial e se desenvolvem em plena Guerra Fria. Nesse período, por mais paradoxal que seja, alguns Estados que haviam por muito tempo lutado contra uma ocupação inimiga acabaram substituindo um regime por outro, igualmente totalitário. A única diferença está no tirano: se o primeiro foi escolhido pelos invasores, o segundo é um ditador caseiro, ou seja, nascido e criado no país. Como isso é possível?

Muitas vezes, a mentalidade destrutiva de uma ideologia é disfarçada por ideias humanas de liberdade, democracia e igualdade. As pessoas comuns nem sempre são capazes de entender aonde certos fenômenos irão levar, e a repulsa ao passado é tão forte que justifica qualquer sopro de novidade. Afinal, o passado pode ser condenado; o futuro, não: por que não tentar?

O escritor albanês Amik Kasoruho (1932-2014) escreve o seguinte:

> Como acontece com frequência, as coisas novas e desconhecidas geram também simpatia, esperança e uma certa solidariedade inconsciente misturada com uma curiosidade natural. A Europa, tomada como estava pelo fervor de reconstruir uma vida livre e digna, não teve tempo nem disposição para pensar criticamente nos erros cometidos durante a guerra. Era natural não querer mais ouvir falar sobre isso.

Nesse clima de retaliação e aparente calma, enquanto muitos países europeus começam a dar as boas-vindas a uma nova prosperidade, o bloco comunista, liderado pelos soviéticos, mergulha em um período sombrio do qual se recuperará cerca de cinquenta anos depois. Entre os países desse bloco, o mais infeliz é, sem dúvida, a Albânia.

Na manhã de 8 de novembro de 1941, em plena ocupação fascista, os albaneses descobrem que Enver Hoxha, de trinta e dois anos, com o apoio de alguns militantes, acaba de fundar o Partido Comunista da Albânia. A notícia não causa preocupação, seja porque com a guerra em andamento as pessoas têm muito mais em que pensar, seja porque o sentimento antifascista dos cidadãos é um bom terreno para a ideologia comunista.

Hoxha nasce em uma família abastada em Gjirokastra, uma das cidades mais importantes do sul da Albânia, e imediatamente mostra as atitudes típicas de personalidades narcísicas: quando criança ele participa do grupo de teatro da escola primária, mas exige representar apenas papéis heroicos, ou em qualquer caso, do protagonista. Durante os seus estudos na escola secundária francesa em Korca, ele desenvolve uma paixão desmedida por Robespierre (1758-1794), que se tornará o seu ídolo incontestável. Aos vinte anos muda-se para Montpellier a fim de matricular-se na universidade, mas não chegará a se formar. Mais tarde, ele dirá que a culpa é do Estado albanês, que o teria privado da bolsa de estudos devido à sua atividade política, mas é mais provável que isso tenha acontecido por negligência sua. Para confirmar a primeira tese, uma vez no poder Hoxha mandará prender o então ministro da Educação em exercício e o deixará apodrecer na prisão até ao fim dos seus dias. Que ninguém diga de Hoxha que ele é do tipo vingativo, por favor.

Retornemos à universidade, onde os colegas de curso não o descrevem como um aluno exemplar. Bonito e de fala rápida, Enver Hoxha gosta de passar mais tempo na companhia de mulheres e de jogar cartas do que de livros. Depois de uma experiência como escriturário na legação do secretariado albanês em Bruxelas, ele volta ao país a fim de lecionar no mesmo colégio onde havia estudado na adolescência, mas a sua atividade militante no círculo comunista local causa-lhe problemas jurídicos.

Em 1938, apoiado por alguns militantes albaneses nas fileiras do Partido Comunista Francês, ele foi enviado a Moscou para estudar no Instituto Marx-Engels-Lênin, onde aprende a traduzir as obras de Stálin do russo. Depois de um ano, volta para a Albânia, desta vez para a capital, Tirana, e, em 1941, sob a orientação dos comunistas iugoslavos e com o apoio de cerca de duzentos militantes, ascende à liderança do Partido.

Hoxha e os comunistas se engajam fortemente na luta antifascista. O Partido, ainda que não em caráter oficial, se coloca à frente da resistência, razão pela qual, ao final da guerra, ninguém contesta a sua vontade de governar o país. Mas as aspirações de poder de Hoxha logo prevalecem sobre os ideais democráticos e, pouco a pouco, aqueles que se opõem às suas decisões começam a morrer em circunstâncias misteriosas.

O que caracteriza a política atípica de Enver Hoxha é a procura contínua de um modelo a imitar, sem, no entanto, manter relações contínuas com os seus próprios aliados. Começa com a Iugoslávia do marechal Tito (1892-1980), a mesma que o ajudou a assumir as rédeas do Partido. Também romperá a sua amizade com a União Soviética para se aproximar da China de Mao Tsé-tung, para depois se distanciar dela. Apavorado com a ideia de que ex-aliados possam invadir o país, ele ordena a construção de milhares de bunkers de concreto armado para serem usados como postos de guarda e depósitos de armas. Eles jamais servirão para coisa alguma.

A Albânia gradualmente se transforma em um país fechado e isolado, e ninguém parece interessado no seu destino, nem mesmo quando, contra todas as probabilidades, o seu chefe de Estado decide declarar guerra à Igreja Católica e a todas as formas de religião.

EMPAREDADOS VIVOS

Reconstruir os quase cinquenta anos de regime albanês através de documentos oficiais é complicado. O governo de Hoxha nunca tornou públicos os orçamentos do Estado, os dados econômicos não eram publicados em números absolutos, mas em porcentagens, e muitas vezes em relação à situação econômica do ano de 1938.

Amik Kasoruho explica o seguinte em seu livro *Un incubo di mezzo século* [Um pesadelo de meio século]:

> Obviamente, isso era um problema para qualquer um que quisesse conhecer a situação. Se, por exemplo, nenhum sapato tivesse sido produzido em 1938, e em 1960 a produção tivesse aumentado em 2.000%, que aritmética poderia ajudar? Como o pobre cidadão poderia encontrar os dados relativos a 1938 se tudo estava ciosamente guardado nos Arquivos do Estado?

Na década de 1950, todas as bibliotecas públicas foram inventariadas. Obras consideradas nocivas ou inadequadas para a educação socialista, juntamente com jornais e periódicos estrangeiros, são trancadas a sete chaves ou destruídas na terceira prisão de Tirana, onde se recicla o papel a ser enviado aos aliados. É proibido publicar livros, compor peças musicais ou realizar obras audiovisuais sem a fiscalização do regime.

A palavra russa *kulak* passa a fazer parte do vocabulário do dia a dia. Mesmo que o seu significado original fosse "camponês rico", com a revolução bolchevique adquiriu o sentido de "reacionário", "inimigo do povo". Quem for marcado como *kulak* é condenado à morte civil: os membros da família de um *kulak* não conseguem encontrar trabalho nem ter uma vida social, aos seus filhos é negado o direito à educação, além de serem isolados das demais crianças. As prisões se enchem de pessoas acusadas de crimes políticos. A elas são reservadas celas sem luz e sem ar, sem uma tábua sobre a qual dormir ou um cobertor para proteger-se do frio. Muitas vezes, elas admitem faltas cometidas após serem espancadas com barras de ferro ou deixadas penduradas de cabeça para baixo por dias, sem água ou comida.

No entanto, se os castigos destinados aos *kulaks* são terríveis, os reservados aos crentes superam qualquer forma imaginável de crueldade.

"A religião é o ópio do povo", declarou Hoxha durante um discurso à população em 6 de fevereiro de 1967. "Devemos fazer o possível para que todos possam entender isso, mesmo aqueles que estão envenenados por ela. Devemos curá-los. Isso não é uma tarefa fácil, mas não é impossível."

O novo artigo da Constituição, escrito por ele de próprio punho, afirma que "o Estado não reconhece nenhuma religião e apoia e desenvolve propaganda ateísta para incluir as pessoas na visão científico-materialista do mundo".

De acordo com uma estimativa tardia do Instituto Albanês de Estudos Políticos, cerca de duas mil, cento e sessenta e nove instituições religiosas foram fechadas ou reorientadas durante o regime de Hoxha. Alguns edifícios, deixando de ter utilidade pública, são transformados em cavalariças. Agentes da Sigurimi, a polícia secreta do governo, devem seguir e espionar qualquer pessoa suspeita de praticar ritos religiosos ou simplesmente de rezar. Um destino atroz aguarda aqueles que são flagrados cometendo o crime dentro de casa: a polícia se encarrega de cimentar todas as portas e janelas da casa com concreto, entregando os inquilinos à morte de fome e asfixia.

Para livrar-se do seu tirano, a Albânia terá que esperar até 1985. Em uma manhã de abril, Enver Hoxha é atingido por uma grave fibrilação atrial e morre após dois dias de tratamento ineficaz. No alvorecer da sua libertação, agora que é possível fazer um balanço, o povo albanês descobre que o país está economicamente de joelhos. Em março de 1991, a Albânia tinha uma dívida de trinta e cinco milhões de dólares, um déficit público de trezentos e vinte milhões de dólares e noventa mil desempregados, mais de um terço da força de trabalho total. Assim termina, sem grandes reviravoltas, a louca parábola de um ditador que nunca deu sinais de grandeza grotesca, nem delírios de autocelebração. Sem estátuas, sem vícios estranhos, sem palácios revestidos de ouro. Um caso mais único do que raro, que torna a figura de Enver Hoxha ainda mais perturbadora.

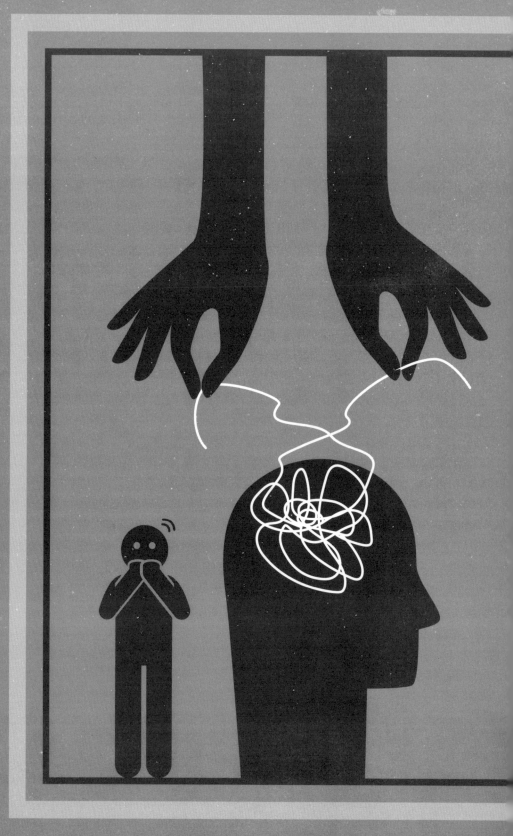

COMO SE INSTAURA UMA DITADURA

> **Neste país, nem mesmo uma folha se move sem que seja a vontade de Pinochet.**

AUGUSTO PINOCHET

Não existe uma receita universal para se chegar ao poder e subjugar um povo inteiro. Algumas ditaduras nascem da violência de um golpe de Estado, em que grupos militares ou cidadãos comuns derrubam o governo com sangue e contam com a direção de um líder, alguém que, pelo menos naquele momento, parece ter ideias mais claras do que os outros, além de boas habilidades de convencimento. Tempos propícios têm a ver com grandes mudanças e desequilíbrios sociais, como o fim de uma guerra ou o início de uma fome. Em suma, uma mistura bem comprovada de tragédias.

É o caso das ditaduras militares da América Latina instauradas entre os anos 1960 e 1980, onde generais sanguinários assumiram o comando no Chile, na Argentina, no Paraguai, no Uruguai, no Brasil e na Bolívia; ou dos regimes dos grandes ditadores da África pós-colonial. Somente entre 1952 e 2000, em trinta e três países africanos foram realizados oitenta e cinco golpes de Estado.

Por vezes, o poder passa de pai para filho, um pouco como acontece nas monarquias, embora de forma indireta e nunca com investidura direta, como já se viu nos casos do Turcomenistão e da Coreia do Norte. Nos demais, o herdeiro designado não é um membro da família do ditador em exercício, mas um homem de confiança, alguém que por muito tempo demonstrou perseguir os mesmos ideais e objetivos.

Por fim, há outra modalidade igualmente comum: as perenes eleições diretas. Não revire os olhos, já mencionei que a maioria das ditaduras nasce graças ao consentimento de um povo desavisado. O caso mais emblemático é representado pela Alemanha nazista: antes de transformar a República Alemã em um implacável regime ditatorial, Hitler havia obtido excelentes resultados nas eleições gerais.

Sem recuar no tempo, basta olhar para um conhecido vizinho europeu, que sempre foi um aliado estratégico do Krêmlin: a Bielorrússia. Em setembro de 2020, Alexander Lukashenko jurou, pela sexta vez consecutiva, "servir ao povo da República da Bielorrússia". Pena que o fez em segredo e desafiando a indignação de todo o mundo, que o acusava de ter fraudado as eleições.

Mas há cerca de trinta anos, nos tempos soviéticos, Lukashenko personificava uma imagem tranquilizadora: a de um guardião amoroso dos direitos dos cidadãos, cheio de valores e focado no crescimento dos setores agrícola e industrial. A sua campanha foi tão convincente que ele conseguiu que todos o chamassem de Batka, ou seja, "papai". Após a sua vitória nas eleições presidenciais de 1994, graças a um referendo popular e à parceria com a Rússia de Bóris Iéltsin (1931-2007), o poder de Lukashenko nunca foi questionado. No entanto, nos últimos anos, algo começa a se mover.

A INSUSPEITA METAMORFOSE DO PAPAI

Se tivesse de convencer alguém de que você é um homem bom e amoroso e que se preocupa muito mais com o bem-estar dele do que com o seu próprio, talvez lhe pedisse que o chamasse de "pai". Se você for um pouco mais velho, pode optar por "vovô", mas como a velhice costuma ser associada à fraqueza (e os ditadores não querem parecer fracos), um tirano ainda escolherá "papai". No máximo, "paizinho", ou "papaizinho", porque o diminutivo é sempre cativante.

Alexander Grigorievitch Lukashenko também deve ter pensado assim, no advento do seu primeiro mandato. Em 1994, durante a primeira eleição democrática da República da Bielorrússia, Lukashenko obtém 45% da preferência no primeiro turno, para depois ganhar facilmente no segundo com mais de 80% dos votos. E isso apesar de contar com menos de quatro anos de carreira política. Naquele dia, os jornais estrangeiros falam de um resultado eleitoral imprevisível e, mesmo que não escrevam nesses termos, a pergunta que todos na Europa se fazem é: de onde saiu esse Lukashenko? E acima de tudo, quem é?

Nascido em 1954, no distrito de Orsa, e criado apenas pela mãe, o futuro "papai" da Bielorrússia se formou em história no Instituto Pedagógico Estadual Kuleshov Mogilev e, posteriormente, em economia na Academia Nacional Agrícola. Começou uma carreira meteórica no Exército servindo nas tropas de fronteira e, aos trinta e três anos, foi nomeado diretor da fazenda coletiva Gorodets no distrito de Sklou. Depois de fundar o Partido Comunista para a Democracia, em junho de 1993 ele se torna líder da comissão parlamentar anticorrupção, o que, arriscando uma comparação, é um pouco como nomear Drácula como diretor do banco de sangue.

Grande parte de sua campanha eleitoral é voltada para o combate à corrupção, mas é provável que as suas posições contra as privatizações tenham garantido a sua vitória.

Dando uma olhada na sua formação, fica claro o motivo da grande paixão de Lukashenko pelo mundo militar e agrícola. Durante as aparições públicas, ele costuma ser visto de uniforme ou, até mesmo, totalmente camuflado. Uma roupa decididamente inapropriada, mas que encerra uma mensagem subliminar: é preciso estar sempre pronto para usar armas. Depois da Kalashnikov, a ferramenta que Lukashenko prefere manejar é a enxada. Para ele, a relação com a terra e o ar livre ainda hoje é sagrada, a ponto de, ouvindo algumas das suas falas, parecer ter uma verdadeira obsessão por tratores.

Em 2021, depois de passar um ano inteiro negando a existência da covid-19, o presidente da Bielorrússia disse aos jornais que é possível derrotar o vírus mesmo sem vacina. Cuidado, porque se os conselhos de saúde de Gurbanguly Berdimuhammedow lhe causaram um ataque cardíaco, os do papai Lukashenko o deixarão mortinho da silva.

"Para derrotar o vírus é preciso beber muita vodca, fazer sauna e dirigir trator. O trator vai curar tudo. Os campos vão curar tudo." E sobre a vodca, ele sugere: "Você também deve usá-la como desinfetante para as mãos, e beber cerca de 40 ml a 50 ml. Mas não se esqueça, não quando estiver no trabalho".

Excelente conselho, presidente, especialmente o último. Ninguém jamais pensaria nisso.

De qualquer forma, qual será o segredo da longa carreira desse especialista em virologia? A resposta está em uma palavra: referendo. Na realidade, um adjetivo também deve ser adicionado, ou seja, "maquiado". Sob quilos de base e de filtros de Snapchat.

O primeiro referendo de Lukashenko, convocado em 1995, propõe a introdução do russo como língua oficial, além de dar ao presidente o poder de dissolver o Parlamento no caso de um "ataque à Constituição". Obviamente, vence o "sim".

No ano seguinte, com o mesmo subterfúgio, uma modificação da Constituição transforma a Bielorrússia em uma República presidencialista. Dessa forma, Lukashenko recebe o poder de nomear juízes para o Tribunal Constitucional e a possibilidade de governar por meio de "ordens executivas". Com o referendo de 2004, ele consegue eliminar o limite de dois mandatos presidenciais, garantindo que pudesse ser sempre reconduzido ao comando do país.

Mas o poder de Lukashenko também se fortalece através de aspectos mais "clássicos", típicos de toda autocracia: corrupção, repressão política e midiática, controle total da sociedade. São frequentes as detenções por uma simples manifestação de rua, a violação da privacidade é constante e se perpetua um uso totalmente arbitrário do Poder Judiciário.

O HOMEM DOS REFERENDOS

Em 9 de agosto de 2020, no final das últimas eleições presidenciais, o veredicto das sondagens é impiedoso: Lukashenko é reconduzido ao governo com 80% das preferências. Como diabos isso é possível? A essa altura, está claro para todos que Lukashenko trapaceou de novo. Desta vez, a acusação não vem apenas do povo bielorrusso, mas de toda a comunidade europeia. Observadores internacionais como a OCDE e a ONU, que já haviam denunciado irregularidades nas eleições de 2006 e 2010, reiteram o padrão.

Em 16 de agosto, uma marcha de duzentos mil manifestantes, talvez a maior da história da Bielorrússia, foi às ruas de Minsk para exigir novas eleições. Milhares de feridos e prisões depois, vem a resposta eloquente de Lukashenko: "Vocês nunca me verão agir sob pressão. Não haverá mais eleições até vocês me matarem".

ALEXANDER GRIGORIEVITCH LUKASHENKO (1954)

Enquanto isso, se pensa que o "papai" acabou com os referendos, você está errado. Aparentemente, ele gosta mais deles do que de tratores.

Em 27 de fevereiro de 2022, três dias após a invasão russa da Ucrânia, Lukashenko convocou um referendo "estranhamente" bem-sucedido, que apresenta um reforço adicional de seus poderes. Entre as mudanças propostas estão a imunidade vitalícia para ex-presidentes e a introdução de um limite de dois mandatos para os seus sucessores. Esse jogo de mudanças constitucionais permitiria que ele permanecesse no poder até 2035, caso venha a ser reeleito em 2025.

Além disso, extingue a obrigação de o país permanecer uma "zona desnuclearizada". De uma perspectiva estratégico-militar, essa parece uma forma de se preparar para entrar em campo ao lado da Rússia.

Mas essas não são as piores medidas. Para desencorajar os protestos contínuos dos cidadãos, doravante dispostos, inclusive, a serem presos para levantar a voz, a Assembleia Nacional da Bielorrússia optou por reintroduzir a pena de morte para quem, com atos violentos, obstruir as atividades do Estado, atentar contra a vida de políticos e do presidente, sabotar ativos do Estado ou, de forma mais geral, realizar atos terroristas contra o Estado. E dado que desde 24 de fevereiro, primeiro dia da guerra oficial, dezenas de quadros elétricos ferroviários foram sabotados para obstruir o fornecimento militar russo a Kiev, muitos dos mais de sessenta ferroviários e eletricistas presos, agora, têm as suas vidas em risco.

Como se não bastasse, alguns rumores fazem menção a outro referendo que deverá ser realizado em breve e que colocaria ainda mais em risco o destino dos bielorrussos. Tal como já aconteceu com a Crimeia em 2014, a votação incidiria sobre a escolha da adesão à Federação Russa, simultaneamente com os referendos de Donbass, Kherson e Ossétia do Sul. A anexação à Rússia de Putin implicaria uma perda total de soberania, superior àquela permitida pelo "sim" no referendo de fevereiro.

PREPARAR-SE PARA A SUCESSÃO

A ideia do que acontecerá na Bielorrússia depois dele deve atormentar bastante Lukashenko. O presidente há muito dá a impressão de preocupar-se com isso, tanto por meio dos seus referendos malucos quanto pelo uso da comunicação institucional. Uma coisa estranha é a contínua exposição na mídia do seu filho Nikolai. O presidente leva a cria consigo não apenas para eventos nacionais, mas para qualquer reunião diplomática do outro lado da fronteira. Em 2009, aos quatro anos, Nikolai acompanha o pai em uma visita ao papa Bento XVI (1927-2022), mas o improviso é um pouco frustrado: o pontífice dá a ele um simples livro infantil. O encontro seguinte foi decididamente melhor, quando recebeu do ex-presidente russo Dmitri Medvedev uma linda arma de brinquedo toda em ouro, ao melhor estilo de família mafiosa.

Nikolai conheceu o ex-presidente venezuelano Hugo Chávez (1954-2013), Vladimir Putin, Xi Jinping, Gerard Depardieu e Steven Segal, e está presente na foto institucional tirada em Nova York com Michelle e Barak Obama, por ocasião da Assembleia Geral das Nações Unidas. Naquele dia, com apenas onze anos, ele estava sentado à mesa com os presidentes das grandes potências mundiais. Certa vez, Nikolai foi arrastado para uma reunião com generais do Exército, o que envergonhou todos os presentes. O bebê Lukashenko usava o mesmo traje de camuflagem do pai, e os generais foram forçados a saudá-lo com a continência militar.

"Ele ficou surpreso, e eu, com vergonha do disparate do que estava acontecendo. O pior é que continua", disse Pavel Kozlovsky, ex-ministro da Defesa.

A identidade da mãe de Nikolai nunca foi declarada oficialmente. Lukashenko é casado desde 1975 com Galina Zholnerovich, ex-colega de classe e professora aposentada. Embora todos saibam que os dois não são um casal há anos (basta pensar que Galina nunca se mudou com o marido para Minsk), ninguém nunca falou em divórcio. O presidente continua a colecionar namoradas, mas isso se sabe pela imprensa estrangeira, certamente não pela mídia bielorrussa. Vários rumores afirmam que Nikolai nasceu da ligação com a endocrinologista Irina Abelskaya, ex-médica pessoal de Lukashenko. Caída em desgraça há alguns anos, a médica teria sido substituída por uma mulher menos culta, porém mais jovem e atraente: Maria Vasilevich, Miss Bielorrússia 2018, a única europeia a chegar entre as cinco primeiras no mesmo ano ao Miss Mundo. Vasilevich parece não querer manter muito em segredo a sua história de amor com o "papai" Lukashenko, quarenta e três anos mais velho. De fato, ela o acompanhou a partidas de hóquei, festivais e à Copa do Mundo de futebol na Rússia. Em 2019, tornou-se a deputada mais jovem da história do Parlamento bielorrusso, e hoje é membro da Comissão Permanente de Minsk sobre Direitos Humanos, Relações Nacionais e Mídia de Massa. Considerando a velocidade da sua carreira, ela deve ser uma boa garota.

CHILE, A HISTÓRIA DE UM "SUICÍDIO ASSISTIDO"

No filme *Bananas*, Woody Allen faz o papel de um jovem revolucionário, Fielding Mellish, que, como um desajeitado testador industrial, se vê, após uma série de aventuras absurdas, participando do golpe de Estado de uma pequena república sul-americana, Bananas. Depois de haver derrubado o ditador Vargas, ao lado do revolucionário Esposito, Fielding descobre que as aspirações democráticas deste último foram apenas uma desculpa para tomar o poder. Esposito se revela um déspota mais violento do que o seu antecessor e, durante o discurso de posse, anuncia as novas disposições à população. A partir de agora, a língua oficial de Bananas será o sueco, e os cidadãos terão que trocar de cueca a cada trinta minutos e usá-la por cima da roupa para permitir que a polícia verifique o seu esplendor. Além disso, todas as crianças menores de dezesseis anos terão de qualquer maneira dezesseis anos. Nesta cena, Fielding, que ficou afastado com os outros companheiros, pergunta ao amigo Luís: "Quem é que vende as camisas de força?".

O filme de Allen é uma alegoria que amplia a comédia pelo exagero, mas mantém a visão que os Estados Unidos tinham, na década de 1970, dos governos sul-americanos.

O termo "República das Bananas" é uma expressão depreciativa da linguagem política, que geralmente indica uma nação pequena e politicamente instável, governada por um tirano ou por alguns homens ricos e corruptos. Porém, exatamente quais são essas nações e por que os territórios da América do Sul e do Caribe têm uma história ditatorial tão vasta?

Em 1819, o herói da independência latino-americana, Simón Bolívar (1783-1830), disse que "nada é mais perigoso do que permitir que um mesmo cidadão permaneça no poder por muito tempo". Uma advertência que na América do Sul passou despercebida por mais de oitenta anos, já que o hábito de se perpetuar no comando parece ser o vício preferido dos chefes de Estado. Não é uma questão ideológica, a tendência afetou tanto a direita quanto a esquerda.

Uma mancha negra, que explica em parte o fenômeno, foi deixada pela Operação Condor, uma coordenação secreta entre os serviços de inteligência das ditaduras militares na América Latina para reprimir os movimentos subversivos de esquerda. Muitos documentos que datam do mandato do presidente dos Estados Unidos Richard Nixon (1913-1994) confirmam que a Operação Condor utilizou a cumplicidade da CIA e do FBI no contexto de uma luta global mais ampla contra o comunismo, típica da Guerra Fria, ainda que os Estados Unidos neguem. Em novembro de 2000, quase cinquenta anos depois do golpe no Chile, a NSA, primeira agência de inteligência dos Estados Unidos, desclassificou e colocou à disposição do público as conversas que incriminam os EUA.

Na manhã de 11 de setembro de 1973, às seis da manhã, soldados da Marinha chilena ocupam a cidade costeira de Valparaíso. Mais tarde, por volta das sete e meia, todas as forças armadas do país invadem a capital, Santiago, onde fica La Moneda, o palácio presidencial que abriga o governo de Salvador Allende (1908-1973), o presidente democraticamente eleito pelo povo três anos antes. Em tão curto período, Allende implementou uma série de reformas socialistas, visando melhorar os setores agrícola e de saúde, mas também realizou a nacionalização de grandes indústrias, transportes e telecomunicações. A política de Allende atrai as classes mais fracas, claramente não os empresários e a classe média alta. Os Estados Unidos consideram o seu projeto político uma séria ameaça, e a Casa Branca estuda um plano para impedir que ele conquiste um segundo mandato. A ideia é boicotar o governo de Allende convencendo as multinacionais a deixarem o Chile, a baixarem o preço do cobre (matéria-prima mais exportada pelo país) e a apoiarem os partidos de oposição tendo em vista as próximas eleições. Uma linha muito tênue, segundo Henry Kissinger, secretário de Segurança Nacional. Para ele, os efeitos da virada socialista podem ir muito além das relações EUA-Chile. "No espaço de seis meses a um ano, também teremos um impacto em outras partes do mundo, especialmente na Itália", teria dito Kissinger a Nixon, segundo documentos da NSA. "A propagação emulativa de fenômenos semelhantes para outros lugares, por sua vez, afetará significativamente o equilíbrio mundial e a nossa própria esfera de influência." A essa altura, o presidente se deixa convencer: não demora muito para concretizar o plano, basta apenas dar o "ok". De acordo com as transcrições, Nixon pediu à CIA que interviesse para elaborar, secretamente, um golpe preventivo caso a "questão do Chile" saísse do controle.

Então, dentro do Exército chileno já havia alguns generais que mal podiam esperar para puxar o gatilho. Augusto Pinochet é um deles, embora em teoria devesse ser muito grato a Allende: este o havia nomeado general apenas duas semanas antes. Mas Pinochet, você logo entenderá, se importa muito pouco com a gratidão.

Na manhã do golpe, o vice-almirante Carvajal telefona ao general e confidencia-lhe que, segundo as suas fontes, Allende jamais aceitará uma rendição: "O adido naval me disse que o presidente anda com uma metralhadora, que tem trinta tiros e que o último vai acertar na cabeça". "Isso é besteira", refuta Pinochet. "Aquele idiota não dispara nem bala de goma."

Porém, depois de haver lutado até a exaustão, o presidente dispensa os poucos homens que ficaram ao seu lado e pega a metralhadora. Na alça está a dedicatória do doador: "Para Salvador, de seu companheiro de armas Fidel Castro". Allende a leva até a cabeça e dispara.

A poucos passos do prédio, uma comitiva de estudantes aguarda em vão a chegada do presidente. Com a notícia da sua morte, o que era para ser uma manifestação antifascista se transforma em uma noite de resistência que será reprimida com sangue.

Dos quatro generais que lideraram a revolta, é Augusto Pinochet quem assumirá o comando do país, dando início aos dezessete anos mais sombrios da história do Chile.

DESAPARECENDO NA TERRA DO FOGO E DO GELO

O Chile tem uma configuração geográfica quase única. A sua inversão climática inclui a presença de terras muito quentes, como o deserto do Atacama, e outras muito frias, como a Terra do Fogo (apesar do nome). A sua projeção longitudinal, ou seja, o seu comprimento, é de cerca de seis mil quilômetros, mas a sua faixa, ou seja, a largura, estreita-se em alguns trechos a ponto de atingir no máximo duzentos quilômetros. Os espanhóis, que a ocuparam até 1818, chamavam-na de *tierra loca* [terra louca]. Entre as águas cristalinas que banham as suas costas, no ventre azul do oceano, está o cemitério dos primeiros *desaparecidos*.

Maria Paz Venturelli, ex-refugiada chilena na Itália, nos conta:

> O meu pai era professor de pedagogia e militante do grupo dos cristãos pelo socialismo. Ele colaborou como professor no programa de alfabetização do governo Allende, porque, na época, a maioria dos adultos das classes mais pobres não sabia ler nem escrever. Depois de 11 de setembro de 1973, ele foi colocado na lista de procurados. Quando o meu pai se apresentou voluntariamente no quartel para saber o motivo da acusação, foi encerrado no presídio de Temuco. Desde então, ninguém mais soube me dizer onde estava. Ele desapareceu em 4 de outubro do mesmo ano.

O destino do professor Omar Venturelli (1942-1973) é o mesmo reservado aos que apoiaram publicamente Allende, mas também aos que, no futuro, abraçarão os ideais do socialismo. "Eles levam embora o seu ente querido, você não sabe o que aconteceu com ele, você não tem um túmulo para chorar. Uma forma de opressão que dura a vida inteira."

O coronel Olagir Benavente, prefeito de Talca durante o regime dos golpistas, tem certeza de que muitos *desaparecidos* chilenos foram levados a grandes altitudes em aviões militares para depois serem jogados no mar ou nas rochas dos Andes. Se vivos ou mortos, ele não sabe dizer.

Os estudantes que se manifestaram no dia do golpe, por sua vez, são divididos entre o Chile e o Nacional, os dois estádios da cidade. Nos dias seguintes, outros jovens se juntam a eles, principalmente trabalhadores, camponeses e militantes políticos, cada um à espera de descobrir o seu próprio infeliz destino.

"Todas as noites", contaria anos depois o jornalista Pablo Antillano, "ouvíamos os gritos dos trabalhadores sendo fuzilados na arquibancada leste do estádio Nacional de Santiago. Na manhã seguinte, os soldados lavavam as poças de sangue jogando baldes de água."

O testemunho de Antillano é confirmado por Vicente Vergara Taquias, um exilado chileno que sobreviveu à detenção no Nacional:

> Eles nos levaram para o velódromo, atrás do estádio, e nos torturaram. Às vezes por dez minutos, às vezes por horas. Alguns saíam com ossos quebrados, outros cuspindo sangue. Vi cadáveres sendo carregados em caminhões. Fui torturado sistematicamente por quinze dias. Eles me batiam com canos de rifle, com paus, aplicavam eletrodos em várias partes do corpo e me enchiam de choques elétricos. Certa vez queimaram a minha língua.

Calcula-se que no primeiro ano do governo de Pinochet cerca de mil oitocentos e trinta civis tenham sido mortos, muitos com menos de trinta e até menos de vinte anos.

Entre 1973 e 1990, o número total de chilenos suspeitos de simpatias marxistas, mortos ou desaparecidos, oscila entre quatro mil e cinco mil, mas muitos mais são presos, talvez até trezentos mil, e um pouco menor é também o número de cidadãos expulsos ou forçados ao exílio.

Para Pinochet, "o povo foi infectado pelo vírus do comunismo. Os marxistas e comunistas devem ser aniquilados, até torturados se necessário, senão não falam".

Em 1986, a situação interna do Chile se tornou tão instável que o próprio Pinochet escapou por pouco de um novo atentado. Os arranjos internacionais mudaram, e a administração americana de Reagan (1911-2004) força Pinochet a iniciar um diálogo com a classe política mais moderada e a promulgar uma nova Constituição. As mudanças feitas preveem a possibilidade de convocar, no curto prazo, um referendo popular a fim de consolidar o favorecimento do governo perante a opinião pública.

Em 1988, a esperança de Pinochet de manter o poder por mais nove anos desaparece. Durante o referendo, 56% do eleitorado votou contra ele, obrigando-o a recalcular os seus planos. Depois de apenas um ano, ele se resigna a entregar a presidência ao democrata-cristão Patricio Aylwin (1918-2016), mas insiste em permanecer à frente das Forças Armadas. Graças a uma disposição por ele inserida na Constituição, Pinochet se tornou senador vitalício. Um movimento providencial que lhe garantirá total imunidade em caso de processo pelos crimes cometidos.

Em 26 de janeiro de 2000, vinte e seis anos após o golpe contra Allende, o povo chileno elegeu o socialista Ricardo Lagos para a presidência da República. Com o retorno da democracia, um novo clima político permite que a acusação judicial contra Pinochet seja relançada. Mas o general nunca pagará pelos seus crimes. Considerado velho demais para ser encarcerado, após ter pago uma grande fiança ao Estado, Pinochet morre aos noventa anos na luxuosa *villa* de Los Lobos.

COMO MANTER O PODER

> "Só porque você é um jornalista, não significa que está isento de ser assassinado. Não há liberdade de expressão que importe quando você critica alguém."
>
> **RODRIGO ROA DUTERTE**

Obter o poder para si é o passo mais difícil, mas mantê-lo também tem as suas dificuldades. Bem, sim, apesar das comodidades e luxos, a vida dos ditadores não é uma vida simples. Todo tirano vive com medo de ser derrubado, deposto ou substituído em um golpe de Estado. Pior ainda, morto. Porque, para se tornar um ditador, você tem que deixar para trás muitos inimigos, e há uma grande chance de que um dia um deles acabe com você.

Já conhecemos algumas ditaduras incrivelmente longevas, como as de Enver Hoxha, Alexander Lukashenko ou Augusto Pinochet. Deixando de lado as diferenças ideológicas, étnicas e geográficas, a constante desses regimes é a mesma: aterrorizar o povo cortando pela raiz qualquer forma de dissidência.

Um método eficaz e bem comprovado ao longo dos séculos, que não é isento de riscos. "Quem semeia vento colhe tempestade", diz um famoso versículo bíblico, e ele é um resumo perfeito para dizer que se você passa os dias matando o máximo de pessoas possível, talvez não durma tranquilo à noite.

Quais são as alternativas?

Apostar em uma propaganda sadia pode ser uma escolha bem-sucedida e menos arriscada. Alto lá! Isso não significa deixar de lado a violência, mas moldar as mentes para que se acostumem com a violência, chegando mesmo a justificá-la. É o poder mágico da comunicação, e um bom comunicador sabe fazer a diferença. E se você detém um monopólio, é fácil passar por um gênio do marketing.

O trunfo número dois, por outro lado, é chamado corrupção: se tem medo de que alguém esteja tramando contra você, faça dele um amigo. Promova os seus homens, ofereça-lhes cargos de prestígio, dê-lhes dinheiro, esteja pronto para satisfazer os pedidos mais diversos, mas sem ceder às ameaças. Cave na lama; os melhores aliados estão bem ali.

O apoio do submundo e do crime organizado pode ser útil em tempos de impopularidade, mas também olhar para além da fronteira ou — por que não? — para o outro lado do oceano. Como nos ensinou a Operação Condor, ter uma superpotência pronta para apoiá-lo garante anos de tranquilidade, bem como apoio econômico e militar. É um pouco como ganhar na loteria, só que a fiança a pagar não são contribuições para o Estado: é a pele dos outros, e às vezes até sua.

UM DITADOR NA FAMÍLIA: A HISTÓRIA DO REGIME MAIS CURTO (E ABSURDO) DO SÉCULO XX

Para encontrar a receita de uma ditadura quase perfeita, comecemos por descobrir quais os erros que podem decretar o fracasso imediato de um regime. Também aqui a História vem em nosso auxílio e sem sequer pular de um século para o outro: tudo o que você nunca deve fazer quando se torna um ditador já foi posto em prática pelo presidente equatoriano Abdalá Bucaram. Com os seus cinco meses e vinte e cinco dias de governo, Bucaram entra por direito no hall da fama das ditaduras mais curtas de todos os tempos.

Abdalá nasce em 1952, em Guayaquil, a segunda cidade mais populosa do Equador, depois da capital, Quito, filho de Jacobo Bucaram Elmhalin (1920-1967), imigrante libanês, e Rina Ortiz Caicedo (1926-1982). Ele é o oitavo de onze irmãos. Ao acabar a escola, começa a frequentar a faculdade de medicina, apenas para abandoná-la no segundo ano por haver batido em um professor. Matricula-se, então, na faculdade de direito e se torna advogado, mas com um pequeno arrependimento: a sua grande paixão continua sendo o esporte; tanto que, nos anos de universidade, representa o Equador em várias competições atléticas em Maracaibo e Cali, tornando-se vice-campeão sul-americano nos cem metros. Por fim, matricula-se em um mestrado e também se torna professor de educação física.

A sua carreira política começa no final dos anos 1970 graças ao seu tio Assad Bucaram (1916-1981), ex-prefeito de Guayaquil e líder do partido CFP (Concentração de Forças Populares); ele é conhecido do público pelo apelido de "Don Buca".

Em 1978, inicia-se um difícil período de transição para o Equador. Após o governo militar do capitão da Marinha Ramón Castro Jijón (1915-1984), a ditadura do presidente Velasco Ibarra (1893-1979) e o golpe de Estado do general Guillermo Rodríguez Lara — todos os três duraram tanto quanto um gato na autoestrada —, o país se prepara para reformar a antiga Constituição. Don Buca, perseguido e preso durante o regime militar, tem ao seu lado uma longa fila de seguidores e a simpatia de populares. Depois de superar várias tentativas de alienação por parte da ditadura, Don Buca se candidata à presidência da Câmara dos Deputados, vencendo com votação quase unânime. Nas eleições para a presidência da República, opta por apoiar Jaime Roldós Aguilera (1940-1981), marido da sua sobrinha Martha (1962-1981), irmã de Abdalá. Aos trinta e seis anos, Jaime é um jovem de belas aspirações, muito querido pelo partido. Ele estudou na melhor universidade do país, sabe convencer todos os interlocutores com a sua oratória e já é um conhecido filantropo. Roldós vence graças ao apoio do CFP e ao grito de um slogan que pouco lhe faz justiça: "Roldós na presidência, Bucaram no poder". Qual dos dois parentes é o verdadeiro responsável da sala de controle, aos cidadãos não importa. Contam, isso sim, as ações do governo, finalmente interessado na camada mais pobre da população. Promove-se um plano de desenvolvimento nacional e um programa que proporciona a crianças menos favorecidas uma merenda escolar gratuita. Grande parte dos fundos estatais são investidos na construção de grandes obras públicas como a ponte El Juncal, na fronteira entre as províncias de Imbabura e Carchi.

Roldós logo se torna um dos presidentes mais queridos da história. Mas, quase como se o destino do Equador fosse intolerante a governos duradouros, o conto de fadas do jovem reformador logo termina.

Em 24 de maio de 1981, um ano, nove meses e quatorze dias após a posse, o presidente e sua esposa morrem em um acidente de avião. Para a Força Aérea do Equador, a queda da aeronave deve ser atribuída a um erro de manobra do piloto, mas nem todas as fontes concordam. Para muitos, como o ativista americano John Perkins e o jornalista Jaime Galarza Zavala, o avião em que

Roldós viajava foi abatido pelas Forças Armadas nacionais, patrocinadas pelo governo dos Estados Unidos como parte da famosa Operação Condor.

Don Buca, que havia muito sofria de problemas cardíacos, também morre no mesmo ano. Todas as esperanças de Bucaram estão agora nas mãos de Abdalá, que no momento vive com uma única obsessão: repetir a carreira de Roldós.

O objetivo, já de início, é complicado: quantas chances há de uma mesma família chegar a governar duas vezes? E, ainda que houvesse, como ter derramado sobre si o amor sem limites que os cidadãos sentiam pelo ex-presidente? Fácil, é só aproveitar a fama dos mortos. Abdalá Bucaram percebe a oportunidade. Ele denuncia publicamente que o acidente envolvendo o cunhado é resultado de uma conspiração. Para honrar a sua memória, ele não apenas tentará encontrar os culpados, mas também irá fundar um novo partido a fim de garantir que o projeto e os ideais de Roldós sobrevivam à sua morte. Nasce assim, com um nome muito imaginativo, o Partido Roldosista Equatoriano (PRE).

Depois de uma corrida inicial, a carreira política de Bucaram sofre algumas desacelerações. Como o tio e o cunhado, é eleito prefeito de Guayaquil, mas é condenado a quatro dias de prisão. O motivo é uma acusação pública contra as Forças Armadas: "Eles não fazem nada além de gastar dinheiro e desfilar", diz ele e, para expressar a sua discordância, opta por autoexilar-se no Panamá. Mas Bucaram não consegue ficar quieto nem no exterior. Um dia, ao revistar o seu carro, a polícia encontra um quilo de cocaína no porta-malas, e ele é preso novamente. Após uma breve estada na prisão, as investigações estabelecem que foi armada uma cilada para Bucaram, e o aspirante a presidente é recebido de volta em sua terra natal para apoiar o partido nas eleições de 1988.

A primeira candidatura à presidência da República não dá em nada. Bucaram termina em segundo, atrás do social-democrata Rodrigo Borja Cevallos, mas essa não é a pior notícia. O governo reativa um antigo julgamento no qual ele foi acusado de peculato e, para evitar a prisão, é obrigado a pedir novamente asilo político no Panamá. No Congresso Nacional, o Partido Rol-

ABDALÁ BUCARAM
(1952)

dosista tenta convencer os democratas-cristãos a lhe concederem anistia. A reunião termina em uma briga na qual alguns deputados, como Jamil Mahuad e Vladimiro Álvarez, ficam feridos. Dado o clima nada tranquilo, fica decidido que as coisas continuariam como estavam: por ora, Bucaram teria que permanecer no Panamá.

Em 1990, a acusação contra Abdalá prescreve. O nosso herói tem sorte: agora, no Equador, a duração dos governos é igual ao intervalo de tempo entre dois pedidos no *drive-thru* do McDonald's, então ele já está pronto para uma nova candidatura.

Mais uma vez, ele não consegue e fica apenas em terceiro. Será que vai desistir? De jeito nenhum.

Graças a uma obstinada atividade para refundar o partido, 1996 é finalmente o ano bom: Abdalá Bucaram é eleito presidente da República do Equador. E, apesar dos quilos de drogas, prisões e brigas no Parlamento, o melhor ainda está por vir.

LEITE ESTRAGADO, DANÇARINAS E ROCK'N'ROLL

Quando você chega ao poder com o apoio da sua família, a primeira coisa que deve fazer é retribuir o favor. O mínimo seria oferecer algum cargo de prestígio que garantisse um salário razoável. Então, pela ordem: pegue o seu filho Jacobo e coloque-o no comando da alfândega, para que ele fiscalize o trânsito de mercadorias do exterior. Vá para o seu irmão Adolfo e imediatamente o nomeie ministro. O cachorro... ah, não, esse não dá. Falando em Adolfo, pegue um homônimo muito famoso e copie o seu visual. Feito? Bem, agora você deveria ter também um belo bigode.

Um dos aspectos mais interessantes de ser um ditador é que você pode dar asas à imaginação e transformar qualquer hobby em uma atividade profissional em tempo integral. Se isso não for suficiente, você também pode mostrar as suas habilidades durante eventos de TV ao vivo.

Já dissemos que Abdalá Bucaram é um apaixonado por esportes, mas a lista dos seus interesses é bem longa. Entre os primeiros lugares está, sem dúvida, a música. O novo presidente adora Elvis Presley, então, por ocasião da sua posse no palácio presidencial, ele escolhe comemorar em grande estilo e contrata uma famosa banda de rock uruguaia, Los Iracundos. Acompanhado pelas notas do grupo, Bucaram sobe ao palco e canta um *cover* espanhol de *Jailhouse Rock*, dançando com os mesmos passos de Elvis. A enlouquecer com ele, há também um corpo de dançarinas muito jovens vestidas como líderes de torcida. Para aqueles que desejam saber mais, o canal *Memoria Equador*, no YouTube, oferece um testemunho do show em vídeo, juntamente com alguns comentários hilários dos usuários. A estreia musical de Bucaram o deixa tão "cheio de gás" que ele tem outra ideia: já que as suas apresentações são tão populares, por que não fazer o seu próprio álbum? Dito e feito: contratando novamente a banda Los Iracundos, o presidente se fecha num estúdio de gravação e lança um CD que ele vai dar inclusive aos presidentes das várias nações que visitam o Equador. Não sabemos se estes últimos apreciaram o presente; o certo é que, anos mais tarde, Los Iracundos irão declarar à imprensa que "cantar com Bucaram foi a pior escolha da sua carreira".

Voltando ao álbum, o título escolhido é *El loco que ama*. *El loco*, "o louco", é seu apelido, e ele o deu a si mesmo.

Já o amor é o que sente pelos pobres e pelos desfavorecidos, segundo Bucaram, os únicos destinatários da sua atenção. "Não quero ser presidente de quem tem Mercedes", declara, "mas de quem arranha a Mercedes com tampas de cerveja", e a frase parece mais um convite ao crime do que uma declaração sentimental.

Bucaram promete aos pobres programas sociais gigantescos, apartamentos modernos com esgoto e água encanada para os moradores das favelas, impostos triplicados para os ricos e oligarcas. A fim de combater a desnutrição, ele fundou a sua própria marca de leite, a Abdalact, e imprimiu o seu lindo rosto em cada garrafa. O leite é distribuído para famílias pobres, mas relatos de lotes contaminados são comuns. Diante das câmeras ele distribui dólares para crianças maltrapilhas, mas a realidade, escondida atrás de discursos e danças, é que os cofres do Estado já estão vazios. Para adiar a hora da verdade, Bucaram conta com a sua destreza de *showman*. Ele anuncia que o país alcançará muitas vitórias esportivas e que, em breve, se tornará presidente do Sporting Barcelona, o clube de futebol de maior prestígio do Equador. Quer comprar Batistuta, Caniggia e Valderrama, e para mostrar que fala sério, contrata Armando Maradona (1960-2020) para jogarem uma partida juntos. Da compensação faraônica dada ao campeão ninguém fala. Mas a atenção da mídia ainda não é alta o suficiente. Bucaram, então, convida para o palácio presidencial a senhora Lorena Bobbit, conhecida no noticiário americano por ter castrado o marido e jogado o pênis dele pela janela do carro. Obviamente, a notícia acaba nos jornais de todo o mundo.

Quando a dívida pública do Equador atinge cifras vertiginosas, fica muito claro que alguém terá que se dar ao trabalho de saná-la. Bucaram busca o conselho do ex-ministro da Economia da Argentina, Domingo Cavallo, um fervoroso teórico do ultraliberalismo, e a escolha revela-se um desastre. Para sanar as contas, a primeira medida é retirar os subsídios das empresas que prestam serviços públicos. Num piscar de olhos, o preço do gás para uso doméstico dispara 244%, o da gasolina 60% e o da eletricidade 253%. As tarifas telefônicas aumentam seis vezes. Para o descontentamento geral, rumores colocam lenha na fogueira: o presidente e sua família supostamente desviaram os fundos arrecadados durante uma campanha de caridade e saquearam as reservas do Estado. Alguns meses e as aprovações de Bucaram passam de 65% para 11%.

Em fevereiro de 1997, mais de dois milhões de trabalhadores aderiram a uma greve de dois dias para protestar contra o presidente. Em Quito, Guyaquil e Cuenca, as praças se enchem de operários, empregados, estudantes e até freiras, gritando "ladrão maluco, cai fora!". Os índios paralisam as províncias de Cotopaxi, Tungaruahua e Chimborazo bloqueando as estradas com barricadas de pedras e pneus. Para frear o avanço dos manifestantes, os policiais lançam gás lacrimogêneo e pedras, ferindo cerca de vinte pessoas. Bucaram posiciona o Exército em frente ao palácio presidencial para evitar ser linchado. O Parlamento entende que deve convocar uma sessão extraordinária o mais rápido possível. A oposição quer destituir o presidente, proposta que a Suprema Corte julga constitucionalmente correta. A decisão final é unânime: Bucaram não é mais considerado apto para governar e é deposto pelo Parlamento por "incapacidade mental".

A NOITE DOS TRÊS PRESIDENTES

Apesar do impeachment, um cara do tipo de Bucaram não pode sair do poder assim de repente. Afinal, ele vem tentando sentar naquela cadeira a vida inteira: se quiserem que ele vá embora, terão de fazê-lo à força. Empoleirado em seu escritório, o presidente deposto anuncia que o "golpe" desferido contra ele é ilegítimo e que não obedecerá o Parlamento. Mas as tensões estão subindo vertiginosamente também nas outras esferas do poder. Se Bucaram for expulso, quem irá liderar o país até as próximas eleições? Rosalía Arteaga, atual vice-presidente, se autoproclama a nova líder. Escolhida pessoalmente por Bucaram meses antes, Arteaga havia sido repetidamente convidada pelo presidente a "levantar a saia para mostrar ao povo as suas belas pernas longas". Cansada de todos aqueles avanços trogloditas, ela também mal pode esperar para arrancá-lo do trono.

De um outro gabinete, porém, Fabian Alarcón, líder da Câmara, reivindica a mesma posição. Por votação de parte dos deputados, ele foi reconhecido como Presidente Constitucional Interino da República, figura já utilizada por presidentes temporários que exerceram o poder quando o país estava em processo de Constituição. A situação fica realmente complicada, porque, embora por motivos diferentes, ambos têm razão.

Originalmente, a Constituição do Equador de 1978 estipulava que o presidente seria sucedido pelo vice-presidente até o término do mandato presidencial. Em 1995, o Congresso Nacional retirou esse artigo ao inserir várias emendas constitucionais, deixando um vazio legal que não permitia estabelecer quem deveria herdar o cargo. Decerto, o único que não consegue se apegar a nenhuma justificativa é o nosso Bucaram, que, tendo fugido para Guyaquil, continua reiterando a sua versão: está em curso um vergonhoso golpe de Estado, por isso o presidente da República ainda é ele.

A noite dos três presidentes termina com um epílogo bastante previsível. O Congresso Nacional aceita Rosalía Arteaga como presidente em caráter temporário, enquanto aguarda a decisão da Suprema Corte de Justiça sobre a sucessão presidencial.

Em 11 de fevereiro, Alarcón é nomeado presidente interino, graças também ao apoio das Forças Armadas e de outras instituições estatais. Para evitar que Arteaga se oponha à decisão, lhe é conferido outro mandato como vice-presidente, que ela aceita. Deixado sozinho, e mais uma vez na mira da justiça, Bucaram foge. E para onde ele irá? Que pergunta: para o Panamá!

A PROPAGANDA DOS *TROLLS*: A ASCENSÃO DE RODRIGO DUTERTE

O potencial para uma propaganda bem-feita é infinito. Uma boa propaganda pode fazer um indivíduo vencer uma eleição e garantir um longo mandato no governo sem muita dificuldade. Ela pode acalmar os cidadãos e desviar a sua agressão para outros alvos, de tal forma que ninguém o considerará o principal responsável pelo sofrimento deles.

O terreno mais adequado é um país em desenvolvimento, onde a pobreza é uma memória recente e a taxa de analfabetismo é alta. O húmus perfeito para cultivar uma ditadura saudável e robusta.

O importante, uma vez reunidos todos os elementos, é escolher o bode expiatório certo. Nisso, Rodrigo Duterte, ex-ditador das Filipinas, foi um verdadeiro mestre.

No livro *This Is Not Propaganda* [Isto não é propaganda], o jornalista Peter Pomerantsev analisa o papel da mídia social na ascensão ao poder do presidente filipino Rodrigo Roa Duterte. O relato começa a partir de uma entrevista realizada com um jovem gestor de redes sociais cujo nome nunca é revelado: ele será chamado apenas de P. Para a campanha eleitoral com vistas às eleições presidenciais, Duterte elege o combate às drogas como seu cavalo de batalha. Ele se gaba ainda de, da sua motocicleta, ter atirado em alguns traficantes durante a sua gestão como prefeito de Davao City, uma cidade no extremo sul das Filipinas. P., que já demonstrou grande talento para engajar um número considerável de pessoas nas redes sociais, propõe o seu projeto a Duterte: criar grupos no Facebook dedicados a diferentes cidades do país e usar o dialeto local para cada um deles. Para qual finalidade, descobriremos em breve. Em seis meses, cada grupo conta com mais de cem mil membros. Os administradores começam a postar uma história de crime por dia, correspondendo com o pico de tráfego na rede. A equipe realiza uma operação de manipulação, associando esses crimes às drogas. Claro, os eventos de fato aconteceram, mas os funcionários de P. escrevem comentários tendenciosos do tipo "dizem que o assassino é traficante" ou "esta é a vítima de um traficante de narcóticos", e assim por diante. Os episódios de crime postados todos os dias passam a ser dois, depois três. O *modus operandi* permanece o mesmo, mas torna-se cada vez mais premente. Em pouco tempo, o tema dos crimes relacionados às drogas torna-se um dos principais assuntos do debate político nacional. Nas pesquisas, o apoio a Duterte aumenta vertiginosamente. P., então, revela a Pomerantsev ter brigado com a sua equipe a ponto de abandonar a campanha de Duterte. Ele opta por trabalhar para outro candidato, o qual prefere os aspectos econômicos ao alarme social, mas agora o estrago está feito: Duterte triunfa nas eleições e se torna chefe de governo.

A atividade de P. e da sua equipe foi decisiva para a vitória eleitoral de Duterte, mas o pano de fundo é ainda mais obscuro.

Dois professores universitários, Jonathan Corpus Ong, da Universidade de Massachusetts, e Jason Cabanes, da Universidade de Leeds, ao realizar estudos aprofundados sobre o sistema eleitoral filipino, identificaram a existência de uma verdadeira "arquitetura de desinformação", estrutura utilizada por todos os partidos do país. No topo estão os "arquitetos chefes", ou seja, especialistas oriundos de empresas de publicidade e relações públicas que exibem ares de santos e a convicção de que estão totalmente isentos de qualquer responsabilidade para com o público em geral. Abaixo deles se encontram os influenciadores, mais parecidos com comediantes mercenários, chamados para ridicularizar os seus oponentes políticos, prontos para se apresentar em shows reais com slogans cheios de veneno.

Na base da pirâmide, porém, há uma miríade de operadores, trabalhando vinte e quatro horas por dia em *call centers*. Eles são responsáveis pela gestão de perfis sociais falsos e promoção dos "feitos" dos seus candidatos, bem como por caluniar fortemente os seus adversários. Trata-se de pessoas de carne e osso, com frequência estudantes ou jovens trabalhadores que precisam complementar salários muito baixos. Em suma, uma máquina bem gerida que causa consequências devastadoras.

Nenhum componente da arquitetura da desinformação, seja de que nível for, se define como "*troll*" ou produtor de notícias falsas. Pelo contrário, todos afirmam ter a sua própria estratégia, e que a atividade deles é apenas secundária, para ganhar uns trocos. Ninguém se sente responsável pela campanha política como um todo. Afinal, não são eles que escrevem os comentários realmente ruins e cheios de ódio, mas os usuários reais. O fato é que o sistema influencia fortemente a opinião pública, e se tornará ainda mais agressivo após a tomada do poder por Duterte.

A má notícia é que as promessas feitas por Duterte durante a campanha eleitoral são cumpridas. Não porque a intenção esteja errada: erradicar o fenômeno das drogas é uma coisa boa e certa — o problema é o "como". E o presidente, como se pode imaginar, não é exatamente do tipo muito sutil.

O *RAPPLER* E OS EFEITOS COLATERAIS DA INFORMAÇÃO

Duterte continua a se gabar da sua experiência como prefeito, desta vez alegando ter matado não apenas os traficantes como também "aqueles que tomaram a liberdade de olhá-lo com cara feia". Prezado Saviano*, tome nota:

---

* O "Saviano" em questão é Roberto Saviano, o autor do livro *Gomorra*, no qual ele revela os segredos da Camorra, um dos mais poderosos braços da máfia italiana.

aqui estão dez anos de *spin-offs** de Gomorra. No entanto, uma campanha inédita de combate ao crime tem início. Policiais e gangues de vigilantes começam a atirar impunemente, deixando no chão cerca de doze mil mortos, segundo organizações de direitos humanos. Cadáveres estão por toda parte, e quem ousa criticar a atuação do presidente é acusado de envolvimento com o narcotráfico, preso ou exposto à humilhação pública. Durante os tiroteios, nem mesmo as crianças são poupadas.

Os jornalistas também acabam na mira do governo, definidos pelo presidente como "presstitutos",** ou seja, "prostitutos da informação".

Para Duterte, Maria Ressa, diretora do site *Rappler*, também é presstituta. Mas o caso de Ressa é mais único do que raro, porque, apesar de as intenções serem diferentes, tanto ela quanto o *Rappler* favoreceram a ascensão de Duterte ao poder.

Pomerantsev entrevista Maria Ressa, ex-apresentadora da CNN para o Sudeste Asiático, que conta como decidiu fundar o *Rappler* em 2012. A escolha recaiu sobre um novo tipo de informação, muito mais inovador. Ressa havia compreendido a crescente importância do papel das mídias sociais, tanto no jornalismo quanto na sociedade, e confiou tarefas importantes a jornalistas de vinte e poucos anos e a especialistas em mídias sociais, deixando a supervisão para os veteranos da velha informação. O esquema está alinhado com a estratégia de comunicação adotada por Duterte durante a campanha presidencial. Então, quando o *Rappler* convida todos os candidatos presidenciais para um debate no Facebook, Duterte é o único a aparecer.

A sua personalidade e as suas palavras de ordem para a luta contra as drogas são um sucesso retumbante, e o *Rappler* acaba repetindo as expressões e os slogans de Duterte continuamente. Após a vitória do candidato, a relação entre o site e o eleitorado de Duterte se deteriora. Um dos episódios-chave, que marca o início dos problemas do *Rappler* com Duterte e sua comunidade social, ocorre du-

---

* Um *spin-off*, nos meios de comunicação, consiste em uma obra derivada. Isso pode ocorrer com séries. Por exemplo, do filme *Suburra*, a Netflix produziu uma série homônima que teve três temporadas. (N. T.)

** Aglutinação das palavras "*press*/imprensa" e "prostituto". (N. T.)

rante uma coletiva de imprensa. O presidente assobia para uma repórter de um canal de televisão. Uma jornalista do *Rappler* presente na sala se levanta e pede que ele se desculpe. Nesse ponto, as páginas sociais do portal são invadidas pelos insultos dos partidários de Duterte, o que deixa a equipe do *Rappler* atordoada.

Enquanto isso, a linguagem obscena, ofensiva e violenta usada pelo presidente filipino se torna habitual, e também é usada contra outras personalidades políticas e espirituais de todo o mundo. Uma espécie de humor violento, que Duterte compartilha com outros líderes populistas do planeta.

Quando o *Rappler* começa a revelar as execuções extrajudiciais de Duterte, as ameaças na rede se tornam cada vez mais frequentes, na ordem de milhares por dia. As acusações continuam mais ou menos as mesmas: o *Rappler* vem inventando notícias falsas contra o presidente porque está sendo pago pelos seus adversários. O que é ainda mais preocupante é que as ameaças vêm de perfis reais, e não falsos. Maria Ressa paga o preço mais alto. Ela se torna alvo de ataques pessoais e comentários ofensivos sobre a sua aparência, a hashtag #ArrestMariaRessa é criada e acaba, junto com o portal que ela criou, no centro de uma investigação. O resultado é a demissão de muitos diretores e o afastamento de grandes anunciantes. A diretora administrativa do *Rappler*, Glenda Gloria, conta a Pomerantsev sobre as semelhanças dos métodos de censura de informação usados por Duterte em relação ao que era feito pelo regime do ditador Marcos nos anos 1980, quando, entre os jornalistas, havia a distinção entre "alvos" e "comunistas". A denúncia estava por toda parte, assim como as acusações, quase sempre instrumentais, de serem ativistas comunistas. Essas acusações tinham como finalidade levar os alvos à tortura, ao ostracismo e à prisão. Mas Glenda observa que a guerra psicológica de Duterte, apesar de ser parecida com a de Marcos, tem uma peculiaridade incrível: "Duterte não precisa recorrer aos militares para atacar a mídia. Como isso é possível? Ora, graças à tecnologia".

A novidade de Duterte em relação a Marcos, e também aos seus sucessores, é que ele não esconde mais os abusos cometidos pelo seu governo, mas comemora as execuções extrajudiciais e se vangloria dos seus ataques a jornalistas.

Glenda destaca a diferença em relação ao passado na aplicação do método de comunicação digital. Se antes você "via" o inimigo, sabia quem ele era e por que estava procurando por você, com Duterte nada disso existe mais. Você não sabe mais com quem está lidando, não sabe como lutar contra uma multidão raivosa e impessoal que age *on-line*, e nem sabe quantos desses *haters* são reais e quantos são falsos.

Após vários meses de ataques violentos, Maria e "os Rapplers" começam a reunir algumas pistas. Na sua comunidade *on-line* aparecem algumas estrelas pop coreanas postando em série comentários positivos sobre Marcos e Duterte. Isso é um tanto improvável: por que os ídolos do K-Pop se importariam com a política filipina? Em seguida, eles notam que esses comentários não são apenas iguais como também parecem idênticos aos comentários de outras contas filipinas. Agora há evidências de que tudo faz parte de uma campanha pré-planejada. Eles observam também que esses ataques se multiplicam em correspondência aos eventos políticos, e os temas, expostos de forma violenta, voltam a ser apresentados: a corrupção da mídia e as propostas de prisão de jornalistas e políticos da oposição. No final, o *Rappler* desenvolve um sistema que permite identificar antecipadamente a chegada de campanhas difamatórias. Em fevereiro de 2018, a equipe do *Rappler* detectou a chegada à rede filipina de um sujeito singular: @Ivan226622. A conta, em apenas uma semana, compartilha mil quinhentos e dezoito artigos sobre a política das Filipinas. A foto do perfil é de um filipino qualquer interessado em tecnologia da informação. Esse perfil está permanentemente vinculado a um vídeo de uma conferência realizada por uma universidade americana, intitulada "Podemos confiar na imprensa?". A questão é que, se você procurar a universidade em questão, descobrirá que não é um instituto acadêmico, mas uma credencial autoatribuída por um criador de vídeo, o apresentador de um *talk show* americano. No entanto, o mais estranho é que, antes de aparecer na rede filipina, @Ivan226622 postou muito conteúdo sobre os acontecimentos no Irã, na Síria e na Espanha, compartilhando ações em favor da causa catalã.

Todo o conteúdo está em espanhol, mas provém das mídias estatais russas. Muitas outras contas compartilham o mesmo conteúdo. Essa conta surge nas Filipinas ao mesmo tempo que o país começa a falar da famosa IRA (Internet Research Agency) de São Petersburgo, a chamada "fábrica de *trolls*", responsável, segundo muitos, por ter favorecido a eleição de Donald Trump para presidente dos EUA. O fato é que, assim que o *Rappler* começa a falar sobre o assunto e Duterte anuncia a sua nova amizade com o líder russo, Vladimir Putin, a conta de @Ivan226622 desaparece.

PALAVRÕES E PÍLULA AZUL

Declarações escandalosas e comentários mordazes são o pão diário de Rodrigo Duterte. Todos os dias surgem novos, e geralmente tão ultrajantes que, em uma democracia, bastaria um apenas para fazer qualquer presidente renunciar. Ao longo dos anos, os opositores arriscaram uma semelhança entre as ações dele e as de Adolf Hitler. Claro que é exagero, mas o fato é que Duterte não desaprova em nada essa comparação.

A fala mais famosa do ditador, que também contém um erro histórico, é esta de 2016, em que, durante uma coletiva de imprensa na cidade de Davao, Duterte declarou: "Hitler massacrou três milhões de judeus. Existem três milhões de viciados em drogas nas Filipinas. Eu ficaria feliz em massacrá-los". Dado que Hitler matou seis milhões de judeus, não três, o resto dispensa comentários.

Mas o ditador adora surpreender os seus interlocutores mesmo quando não recorre à parte mais sangrenta do repertório. Também em 2016, aos setenta e um anos, Duterte faz questão de especificar que, apesar da velhice, a

RODRIGO ROA DUTERTE (1945)

sua "carreira" sexual está às mil maravilhas. Na realidade, atualmente "conquistar mulheres" se tornou o seu principal hobby.

"As pessoas dizem que sou um mulherengo. Isso é verdade. É verdade mesmo", afirma Duterte com satisfação, e acrescenta que a sua vida amorosa está um pouco cheia no momento. O ditador teria de fato duas esposas e duas namoradas, todas dispostas a suportar o *ménage* a cinco. A distinção entre as quatro não é clara, pois mesmo aquelas investidas com o título de "esposas" não são realmente suas esposas. É provável que ele considere como "casamentos" os dois relacionamentos mais estáveis.

A primeira pseudoesposa nunca apareceu em público, pois, segundo algumas fontes, sofre de graves problemas de saúde. A segunda, Cielito Avanceña, apelidada de Honeylet (ou seja, "Tesouro" ou "Doçura"), é a mais próxima que existe de uma primeira-dama, embora nunca tenha exercido oficialmente essa posição. Ao lado de Duterte desde 1996, Honeylet apareceu em público em muitos eventos oficiais, como na visita do primeiro-ministro japonês Shinzo Abe (1945-2022) e na trigésima cúpula da ASEAN, a Associação das Nações do Sudeste Asiático. A mulher é uma ex-enfermeira que emigrou dos Estados Unidos e, apesar de ter deixado a profissão, continua interessada nos problemas de saúde do seu ex-paciente. Em entrevista, ela afirmou que adora cuidar do seu "Rody" e medir a sua pressão arterial todos os dias.

Quanto às amantes, ambas teriam uma significativa diferença de idade em relação a ele. "Das minhas duas amigas", disse Duterte à mídia, "uma trabalha como caixa, e a outra, em uma loja de cosméticos em um shopping. Aquela que trabalha com cosméticos é mais jovem. A outra é um pouco mais velha, mas mais bonita." Eu me pergunto se a jovem namorada gostou do esclarecimento.

Qual será o segredo desse apetite sexual insaciável? O ditador não tem problemas em admitir que, para manter certos ritmos, tem de recorrer a uma ajudinha. "Não consigo imaginar a minha vida sem Viagra", informa ele em mais uma entrevista. Duterte é tão grato à pílula azul que quer agradecer pessoalmente à empresa farmacêutica que a produz. Promessa: juro, não vou ironizar a seguinte frase. "Graças à engenhosidade da Pfizer", diz Duterte, "a vida se alongou."

É, raposa velha, não apenas a vida! (E no final (...) aqui está a pior piada de todo o livro).

No entanto, nas palavras de Duterte, o equilíbrio entre o chiste e o escândalo é sempre incerto. O querido playboy, de tanto esticar a corda, certa vez chegou perto de um incidente diplomático após uma piada sobre a morte de uma jovem ativista. Em 1989, a missionária australiana Jacqueline Hamill foi estuprada e morta em Davao, durante uma rebelião na prisão onde trabalhava. Na época dos fatos, Duterte era prefeito da cidade e, por ocasião de um comício eleitoral de 2016, relembrou o seu descontentamento pelo ocorrido: "Malditos filhos da puta!", disse referindo-se aos estupradores, "[Jacqueline] Ela tinha um rosto lindo, parecia uma atriz americana. Que pena!". Em seguida, acrescentou, em tom irônico, que teria gostado de participar do crime, justamente porque a moça era bonita demais. "Eles todos fizeram fila e a estupraram. Claro, eu estava com raiva, mas ela era tão bonita (...) achei que o prefeito deveria ter sido o primeiro [da fila]."

Graças ao vídeo do comício, que rodou o mundo e ainda está disponível no YouTube, Duterte foi inundado de insultos nas redes sociais. Seguiu-se uma tentativa ineficaz de pedido de desculpas: "Os homens falam assim", reitera ele alguns dias depois, mas sem aceitar as acusações de misoginia: "Nunca considerei a mulher um objeto. Tenho uma mãe, uma filha, uma esposa. Por que faria isso?".

Então, "Rody", das duas uma: ou você conta um monte de fanfarronice, ou recalcule, porque tem coisa sem explicação.

Um dia, porém, ao voltar de uma viagem ao Japão, Duterte promete aos cidadãos não usar mais palavrões e limitar o uso de frases violentas durante os seus discursos. O que terá causado essa repentina tomada de consciência?

Revela o ditador: "Eu estava olhando para o céu enquanto voava, e de repente, uma voz me disse: 'Se você não parar, vou abater esta aeronave'. Então, perguntei à voz: 'Quem está falando?'. Sim, era Deus. Prometi que nunca mais usaria linguagem violenta novamente, nem diria palavrões". E acrescenta: "Uma promessa feita a Deus é uma promessa feita ao povo filipino".

Que sorte ele ter voltado do Japão; imagina só se tivesse estado na Jamaica.

BONGBONG E O RETORNO DA FAMÍLIA MARCOS

Segundo um relatório da Anistia Internacional de julho de 2019, em pouco mais de três anos os "esquadrões da morte", nome das patrulhas policiais encarregadas de combater o fenômeno das drogas, teriam matado pelo menos seis mil e seiscentas pessoas. A esse número devem ser adicionados milhares de outros assassinatos cometidos por desconhecidos que sempre poderiam estar ligados à força policial.

No mesmo período, Nicholas Bequelin, diretor da Anistia Internacional para o Leste e Sudeste da Ásia, declara em comunicado oficial:

> Ser pobre nas Filipinas de Duterte é muito perigoso: basta uma acusação infundada de uso, aquisição ou venda de drogas para acabar assassinado. Aonde quer que fôssemos para realizar as nossas pesquisas, encontrávamos pessoas apavoradas. O medo agora penetrou profundamente no tecido social do país.

Os policiais chamados para testemunhar sempre fornecem a mesma história. Ninguém sai com a intenção de matar, mas são obrigados a isso porque os traficantes se rebelam contra a prisão e respondem com atitudes ameaçadoras. Mas as histórias, tanto de testemunhas oculares quanto de familiares das vítimas, desmentem essa versão, alegando que a vítima de plantão nunca teve arma ou era pobre demais para possuir uma.

Às vezes, porém, pessoas que desaparecem no ar e são encontradas mortas dias ou meses depois são marcadas como traficantes de drogas, mesmo que não haja provas.

As operações são implementadas com um procedimento muito específico. Antes de realizar prisões e assassinatos, a polícia consulta as listas de indivíduos sob vigilância por causa de droga, elaboradas pelas autoridades. Trata-se de listas consideradas "ilegais, injustificáveis e implausíveis" pela Anistia Internacional e que constituem mais uma prova da fúria do governo contra os pobres e comunidades marginalizadas. Entrar nas listas é muito simples, muitas vezes basta uma calúnia ou fofoca, e nunca ninguém conseguiu ter o nome deletado.

A era Duterte chega ao fim em maio de 2022, mais por motivos pessoais do que por antipatia do povo filipino. Agora aos setenta e cinco anos, Rody já não se considera o "garanhão" do passado; pelo contrário, queixa-se de inúmeras doenças. Entre enxaquecas, problemas nas costas e no esôfago, artérias bloqueadas por anos de cigarro e degeneração neuromuscular no olho, o ditador não passa muito bem. Até que se entrega ao fazer uma afirmação que parece absurda: "Depois de um acidente de moto, devido a fortes dores, comecei a tomar fentanil. Por um tempo fiquei viciado. É muito difícil parar".

Para os não iniciados, o fentanil é um opioide sintético até cinquenta vezes mais potente que a heroína. Isso significa que Duterte, no período em que ordenou a morte de mais de cinco mil viciados em drogas, usava drogas. Mas ele, ao contrário dos cidadãos comuns, se autoabsolve "pela graça divina".

É talvez pelas suas precárias condições de saúde que o ex-ditador se recusa a concorrer novamente às eleições. Antes de deixar o cargo, no entanto, ele deve garantir que ainda haja um lugarzinho no governo para a sua família. De acordo com o recém-eleito presidente, Duterte nomeou a sua filha Sara como vice-presidente das Filipinas. No entanto, Sara Duterte, ex-prefeita de Davao, não é a única a seguir os passos da família no poder.

O novo presidente, Ferdinand Marcos Júnior, conhecido como "Bongbong", é o segundo filho de Ferdinand Marcos pai (1917-1989), ex-presidente das Filipinas que permaneceu no governo de 1965 a 1986.

A era de Marcos pai não foi mais tranquila do que a de Duterte. O país viveu sob lei marcial por mais de dez anos, e dezenas de milhares de pessoas foram presas, torturadas ou mortas por motivos políticos.

Também o regime de Marcos se aproveitou do uso brutal da polícia militar, e a corrupção estava na ordem do dia. Segundo algumas estimativas, Marcos roubou cerca de dez bilhões de dólares do Estado. Cenário que não surpreende, dado o alto padrão de vida que toda a família adorava manter, gastando milhões em obras de arte, *villas* no exterior e joias, enquanto a dívida pública disparava.

A Human Right Watch já pediu a Marcos filho que coloque um fim à "guerra às drogas" travada pelo presidente em final de mandato e que inicie uma investigação imparcial sobre os funcionários acusados de execuções extrajudiciais. Até o momento, nenhuma promessa foi feita. O temor é de que o novo presidente já esteja pronto para criar um regime inspirado nas políticas dos seus antecessores.

O CULTO À PERSONALIDADE

> "No final, sou filho de um rei. Eu sempre soube que um dia seria coroado com uma grande festa. (...) E se Idi Amin e os outros não vieram é porque ficaram com inveja do meu império. Com inveja da minha visão."
>
> **JEAN-BEDEL BOKASSA**

O culto à personalidade de um ditador representa uma verdadeira forma de idolatria social. O povo consagra sua devoção ao líder, exaltando as suas qualidades a ponto de atribuir-lhe habilidades divinas. O tirano, dotado de integridade moral incorruptível, sempre sabe qual é a decisão certa para os seus cidadãos e age exclusivamente no interesse deles. Ou pelo menos é o que ele diz.

O ditador costuma declarar que está pronto para morrer pelo seu país, apenas para mudar de ideia no último momento. Isso porque, ao contrário do que gostaria de acreditar, ele é um ser humano e também bastante falível. Uma verdadeira concentração de vícios.

Um traço comum que liga o culto à personalidade de muitos ditadores é a paixão por estátuas. Grandes, muito grandes, banhadas em ouro ou esculpidas em mármore, chegam a dezenas de metros de altura.

Na Coreia do Norte, um dos principais pontos de interesse* é o Mansudae Grande Monument, um complexo de duzentos e vinte e nove monumentos na colina Mansu, em Pyongyang, construído para comemorar os feitos da família Kim. O coração do complexo é representado por duas estátuas de bronze, representando Kim Il-sung e Kim Jong-il, com vinte metros de altura. Hoje, os poucos turistas que conseguem um visto de entrada na Coreia do Norte com passeios organizados são "gentilmente convidados" a colocar buquês de flores ao pé das duas estátuas gigantes.

Saddam Hussein, presidente do Iraque de 1979 a 2003, que também tinha uma paixão imoderada por estátuas, se saiu ainda melhor. Durante a construção do seu palácio, ele ordenou que o seu nome fosse impresso em todos os tijolos da construção, à maneira do antigo rei da Babilônia, Nabucodonosor (642 a.C.-562 a.C.).

Levado ao extremo, o culto à personalidade se torna fanatismo, um toque de comédia involuntária em lugares onde tudo é sufocado pela opressão.

ESTÚPIDO É QUEM DÁ UM GOLPE DE ESTADO NA ÁFRICA CENTRAL

Definido por muitos como "o imperador do mau gosto", além de um dos ditadores mais afeiçoados ao culto à personalidade, Jean-Bedel Bokassa nasce na década de 1920, em Bogangi, perto de Bangui (atual capital da República

* Trata-se de locais que por algum motivo em particular (para consumir um serviço ali prestado, porque existe uma característica interessante etc.) são do interesse de um determinado grupo de pessoas, embora não sejam atrações ou não sejam desenvolvidos por motivos estritamente turísticos. (N. T.)

Centro-Africana), uma ex-colônia francesa. Ele fica órfão muito cedo, e os seus parentes, para lhe garantirem uma educação, matriculam-no em uma escola missionária católica.

Bokassa se apaixona imediatamente pela língua e cultura francesas, mas, apesar da pressão dos seus professores, recusa a ordenação sacerdotal. Depois da formatura, ele se alista nas tropas coloniais e logo prova ser um soldado modelo. De cabo, passa a suboficial. Após sobreviver às batalhas da Segunda Guerra Mundial, a sua vida militar a serviço da França o leva até a Indochina. Graças a um golpe de sorte, consegue escapar do massacre de Dien Bien Phu, no Vientã, e voltar para casa são e salvo.

Em 1961, a República Centro-Africana conquista a independência, fato que leva Bokassa a abandonar o Exército francês e se alistar no Exército do novo Estado. Ele havia pouco obtivera o posto de coronel, e gozava de uma fama modesta em seu país. O recém-eleito presidente, nem é preciso dizer, é o seu primo David Dacko (1930-2003), um cara que cheira à ditadura e que não teme a concorrência.

"Bokassa só é bom em colecionar medalhas", diz ele. No entanto, por prudência, reduz o orçamento das Forças Armadas aumentando o da polícia, onde militam os homens mais fiéis a ele. Naquele momento convencido de estar blindado, em 1966 Dacko divulga outro comunicado: "Bokassa é estúpido demais para liderar um golpe de Estado". O primo se zanga e dá um golpe de Estado.

Depois de apenas três dias no governo, Bokassa implementa os três movimentos perfeitos do ditador: ele abole a Constituição, é nomeado presidente e se torna chefe do partido único. Antes de nomear-se presidente vitalício em 1972, desenvolve duas obsessões. A primeira são as medalhas.

Os governos das nações que o recebem em visita são obrigados a inventar algumas condecorações para saciar a sua sede de "insígnias" douradas. Mas não lhe basta tê-las; não, ele também deve prendê-las no peito. A alfaiataria que fabrica os seus uniformes é obrigada a aplicar-lhes reforços contínuos para evitar que o tecido se desfaça sob o peso das medalhas.

A segunda obsessão são as mulheres. Embora se declare monogâmico e de fé cristã, após os primeiros seis casamentos interrompidos, deixa de recorrer ao divórcio. Ele começa a se casar com dezenas de mulheres de todas as nacionalidades e classes sociais, sem nunca encerrar legalmente o relacionamento que mantinha com as anteriores. De acordo com uma estimativa, até o final da sua vida, ele teria tido cerca de setenta esposas diferentes. Quem sabe Bokassa tenha tido mais mulheres do que medalhas. Vai saber.

"BONJOUR, PAPÀ!"

O quadro geopolítico da República Centro-Africana, na época da ascensão de Jean-Bedel Bokassa, é controverso. Embora existam muitas jazidas de minerais preciosos no subsolo, não é a população que se beneficia dessa riqueza, e, de certa forma, nem mesmo o Estado. A soberania do Estado é uma fachada, visto que Paris continua exercendo a sua tutela, ainda que não de maneira explícita. Esse é um caso clássico de neocolonialismo, onde o ex-país colonizador conta com um "governo amigo" que salvaguarda os seus interesses em troca de favores.

A partir de meados do século XX, a França passa a dispor de vários "governos amigos" no continente africano, o que lhe dá uma dupla vantagem. Sendo oficialmente soberanos, os presidentes desses governos têm que lidar com crises internas no país, mas, em caso de colapso e tumultos, podem ser substituídos sem que a influência de Paris diminua.

Quase todos os grandes ditadores africanos desse período são "instrumentos" nas mãos de outros Estados soberanos. Isso não os torna menos responsáveis pelos crimes que cometeram; nem ao menos podemos dizer se, na ausência da influência neocolonial, eles teriam se comportado de maneira diferente. Personagens grotescos como Idi Amin Dada, Dacko e o próprio

Bokassa não são estimulados pela França a se comportarem como ditadores degenerados, mas também não recebem oposição. A França está simplesmente interessada em que o homem no comando respeite os acordos econômicos — o resto não compete a ela.

O problema no caso da "segunda República Centro-Africana" é que a influência que Paris exerce sobre Bokassa é tão grande que chega a ser contraproducente. Por exemplo, o ditador persiste em chamar o presidente Charles de Gaulle (1890-1970) de *"papà"* [papai]. Quando os dois se falam ao telefone, De Gaulle tenta manter distância: "Bom dia, senhor presidente", diz a Bokassa, mas este insiste: "Bom dia, papai".

Certa ocasião, perdendo a paciência, De Gaulle lhe diz: "Olha, eu aprecio os seus sentimentos, mas tenho que pedir que você não me chame mais de papai. Trate-me por *Monsieur le president*". Bokassa responde: *"Oui, papà"*.

Em 1974, pouco mais de cinco anos após a posse do ditador centro-africano, Veléry Giscard d'Estaing (1926-2020) se tornou presidente da República francesa. Num piscar de olhos, Bokassa dá a ele uma enorme reserva de caça para ir com amigos para safáris. Como homenagem, parece que, a cada visita, Giscard e a sua equipe também recebem muitos diamantes.

Mas Bokassa, a essa altura imbuído da cultura parisiense, começa a fazer algumas exigências incomuns. Ele telefona aos melhores ateliês da capital transalpina e encomenda uniformes idênticos aos dos hussardos napoleônicos para os seus guardas pessoais. Por ocasião de uma cúpula internacional, o governo francês tem que iniciar uma exaustiva negociação para dissuadi-lo de usar o uniforme de marechal do império napoleônico. Bokassa, porém, mandou fazer o uniforme do mesmo jeito e guardou-o para outra ocasião.

Quando a sua décima nona (sim, a décima nona) filha nasce, ele exige que todos, de cidadãos a altos funcionários, a chamem de "princesa".

Giscard entende que a situação está fugindo do controle quando, durante mais uma visita, Bokassa lhe confidencia a sua próxima intenção: "Quero ser coroado imperador".

JEAN-BEDEL BOKASSA
(1921-1996)

O CAVALO MORTO DE NAPOLEÃO

Um dos aspectos mais lindos de ser um ditador é que se você acordar uma manhã anunciando que é Napoleão, ninguém irá interná-lo em um manicômio. A sua equipe lhe dará um trono e um cavalo branco, e as pessoas começarão a chamá-lo de "sua majestade". Não é uma hipótese, mas o que realmente aconteceu com Bokassa.

Giscard agora entendeu que o cara que eles colocaram no governo de Bangui não tem os parafusos no lugar. Já imagine o teor da cerimônia de coroação, as fotos dos jornalistas e a zombaria do *establishment* ocidental. O mundo vai rir da República Centro-Africana de Bokassa, mas, ainda mais, vai rir do governo francês, incapaz de evitar uma palhaçada dessas. Assim, Giscard propõe ao ditador organizar algo um pouco mais modesto, talvez inspirado na tradição africana, para não faltar com o respeito à população, que, entre outras coisas, está entre as mais pobres do planeta. Para Bokassa, essa é uma resposta terrivelmente ofensiva. Como ousa a França negar-lhe uma celebração que é um tributo à história do seu glorioso império?

As relações entre Giscard e Bokassa esfriam quando este começa a bater à porta da Líbia. Muammar Gaddafi, o líder líbio, é bom em passar a conversa no ditador centro-africano. Uma profunda amizade se desenvolve entre os dois: eles se encontram com frequência, começam a chamar um ao outro de "irmão", e Bokassa se converte à fé islâmica. À bandeira nacional da República, já bastante espalhafatosa, ele aplicou também o crescente, símbolo dos países de tradição muçulmana.

A partir daí, Paris começa a se preocupar. Os novos conhecidos de Bokassa não são um bom presságio, e existe o risco de a França perder a sua influência sobre o líder centro-africano. Giscard volta atrás e concorda com a cerimônia de coroação.

Tudo o que de mais opulento que você já viu na vida, desde as *villas* dos oligarcas russos até os casamentos em *Il Castello Delle Cerimonie*,* não é nada comparado à coroação de Bokassa.

Em 4 de dezembro de 1977, dia da sua entronização, todo o orçamento do Estado do país foi pulverizado. Bokassa manda fazer um trono semelhante ao de Napoleão Bonaparte, banhado em ouro e pesando duas toneladas. Até a coroa lembra a usada pelo seu ídolo, mas com mil diamantes a mais. Apesar do clima escaldante, o ditador opta, mesmo assim, por usar o manto de pele. Um pintor francês é contratado para pintar retratos do imperador; e um grupo de músicos, para compor as marchas imperiais. Chegam da França trinta cavalos de pura raça normanda, mas a metade morre de exaustão devido à viagem e ao calor sufocante.

Como era de se prever, do ponto de vista da mídia, a cerimônia é um fracasso. De todas as autoridades mundiais convidadas, quase nenhuma apareceu. Uma após a outra, as grandes potências pedem desculpas ao governo de Bangui, justificando a sua ausência com palavras de cortesia. Mas a maior decepção de Bokassa diz respeito à ausência do papa, a quem foi pedido que realizasse pessoalmente a coroação. A diplomacia vaticana consegue escapar da insistência do ditador afirmando que o Santo Padre Paulo VI está "muito velho para empreender uma viagem tão longa". Se você está se perguntando por que Bokassa se preocupa tanto com uma cerimônia católica, apesar de ter acabado de se converter ao islã, a resposta é simples: com Bokassa, nunca faça muitas perguntas.

No entanto, em casa, o evento se revela um sucesso. O ditador se autodenomina Bokassa I e coloca a coroa na própria cabeça. Diante da morte dos cavalos, o imperador é conduzido por um cortejo de Mercedes, enquanto a marcha imperial entoa estas palavras:

---

* É um *reality show* italiano, no qual cerimônias luxuosas acontecem no impressionante Grand Hotel La Sonrisa, localizado em Sant'Antonio Abate. O hotel é conhecido pelo nome de *Il Castello* devido à sua grandiosidade. (N. T.)

O sucessor de Clúvio, o Grande,
dos heróis da Grécia e dos gauleses,
de Carlos Magno e São Luís,
de Bonaparte e De Gaulle
é Bokassa, César Augusto,
o mais ilustre dos franceses.
Ajoelhemo-nos diante dele.

Aos jornalistas que lhe perguntam sobre a ausência dos outros presidentes, Bokassa responde resolutamente: "Estão com inveja de mim porque eu tenho um império, e eles não". Portanto, mesmo sem um atestado que comprove a sua saúde mental, Bokassa se torna imperador da República Centro-Africana.

O BREVE IMPÉRIO DE BOKASSA I

É muito provável que de todos os ditadores mencionados neste livro Bokassa tenha sido o menos cruel. Claro, ele matou o seu povo de fome, assassinou alguns oponentes (o que de forma alguma é pouca coisa), mas mais fontes concordam com o fato de que ele não era amante de tortura e assassinatos. Bokassa é um mitomaníaco, loucamente apaixonado por si mesmo e dotado de um gosto que vai muito além do kitsch. A sua figura é a representação perfeita do déspota exótico sem freios, o que permite à imprensa ocidental florear muitas lendas sobre os seus hábitos.

Entre esses, a maior acusação é a de canibalismo. Jornalistas que vão a Bangui voltam para casa escrevendo sobre o zoológico Bokassa, onde os opositores servem de alimento a leões e crocodilos, ou sobre as câmaras frigoríficas onde o ditador supostamente esconde um quilo de carne humana que ele come todas as noites.

Nenhuma dessas histórias jamais foi confirmada, e o mais provável é que sejam falsas. Bokassa condensa dentro de si todo o fascínio mórbido e sangrento que o público ocidental atribui aos ditadores africanos por ser o mais exposto na mídia.

Desnecessário reiterar, entretanto, que Bokassa não é um santo. A sua política de austeridade e o saque selvagem dos cofres do Estado provocam a morte indireta de milhares de centro-africanos por falta de alimentos e recursos.

Em maio de 1979, a Anistia Internacional acusou o império de matar entre cinquenta e cem participantes de uma manifestação dissidente contra o regime. Segundo o *The New York Times*, o protesto começou em janeiro, dentro da universidade. Os estudantes, assim que souberam da nova medida do governo que os obrigava a usar uniforme em sala de aula, teriam dado início ao protesto. "O Estado", dizem os estudantes, "está nos obrigando a comprar os uniformes, mas não temos dinheiro para adquiri-los." Os jovens saem às ruas e danificam duas fábricas e muitas lojas perto da universidade, mas o protesto é reprimido com violência.

A Anistia Internacional também relata que os guardas do imperador invadiram os bairros de Malimaka, Boy-rabe, Zande e Nzakara em Bangui em 18 de abril, prendendo várias centenas de estudantes com idades entre oito e dezesseis anos. "Algumas crianças foram apedrejadas, outras, esfaqueadas com baionetas. Outras, ainda, morreram com golpes de chicotes de roldão.* É provável que os guardas tenham matado cerca de cem estudantes, enterrando-os depois em uma vala comum."

A pressão dos órgãos de direitos humanos e a má reputação de Bokassa no Ocidente pressionam a França a agir. Em 20 de setembro de 1979, graças

---

* O chicote de roldão é uma arma constituída por um cabo ao qual se prende com uma corrente uma esfera metálica (ou mais de uma) em geral revestida de espigões ou cravos de ferro. (N. T.)

ao apoio de Paris, Dacko retribui o "favor" ao primo. Aproveitando a ausência de Bokassa, que está na Líbia em visita a Gaddafi, os conspiradores dão um golpe de Estado para derrubá-lo. Na verdade, parece que Dacko não queria muito voltar ao poder: o governo francês teria organizado todo o plano para ele, depois o obrigou a embarcar em um avião com destino a Bangui.

Bokassa é forçado ao exílio e, embora destruído pela dor, tira dela algum consolo: o epílogo da história é o mesmo do seu queridinho Napoleão.

Mas não, ele não morrerá preso na ilha de Santa Helena, e sim na sua própria casa. Após um julgamento que o condenou a vinte anos de prisão pelos crimes que cometeu, em 1993, o novo presidente da República Centro-Africana, André Kolingba (1936-2010), concede anistia geral a todos os presos. Bokassa passa os seus últimos anos passeando pelas ruas de Bangui vestindo o seu amado uniforme e assinando qualquer documento com o nome de Bokassa I.

UM NOME PARA TODAS AS COISAS

Ele foi mantido à parte para que o apreciássemos melhor, como aquele último pedaço do bolo de chocolate.

Saparmyrat Nyýazov, primeiro presidente do Turcomenistão — o ditador mais egocêntrico do século passado.

Já mencionamos, no capítulo dedicado ao seu sucessor (e dentista) Gurbanguly Berdimuhammedow, que Nyýazov era chefe do Soviete Supremo do Turcomenistão antes do colapso da União Soviética e que, após a dissolução da URSS, ele proibiu a formação de qualquer grupo político, com o objetivo de favorecer a sua eleição.

Nyýazov, que desde que assumiu o cargo foi apelidado de "Turkmenbashi", ou seja, "pai de todos os turcomanos", conhece bem a máquina de propaganda do culto à personalidade, cujo funcionamento estudou nos seus encontros frequentes com o governo de Moscou. Como um novo Stálin, Turkmenbashi começa com os fundamentos: as estátuas. Para extirpar as velhas raízes, Nyýazov manda demolir todas as estátuas dos grandes líderes soviéticos e as substitui por outras representando a si mesmo, sempre de terno e gravata.

Em 1995, depois de ter convencido a ONU a reconhecer o Turcomenistão como um país neutro, escolhe celebrar o evento com a construção de uma torre de setenta e cinco metros de altura no centro da capital. No topo da estrutura, rebatizada de Arco da Neutralidade, ergue-se uma estátua de ouro de doze metros, que o retrata sim, sempre de terno e gravata, mas desta vez também com uma espécie de capa esvoaçante ao estilo do Superman. A estátua se ilumina com lâmpadas todas as noites, e durante o dia ela gira para que o rosto do Turkmenbashi esteja sempre na direção do sol.

Nyýazov ama a sua cara grande. As bochechas rechonchudas transmitem segurança e, ao mesmo tempo, os olhos pequenos e as sobrancelhas retas lhe conferem um olhar autoritário. Ele gosta tanto dela que a coloca em todos os lugares: em moedas, cédulas de dinheiro, no canto superior dos canais de TV, em garrafas de vodca, ao longo das ruas e dentro de prédios. Se você entra em um hotel, no alto da parede da recepção está Turkmenbashi. Ao adentrar um supermercado ou uma livraria, lá está o Turkmenbashi. Pensando bem, é uma pena que Nyýazov tenha morrido antes do advento dos smartphones: talvez também tivesse forçado os turcomanos a usar neles o seu rosto como papel de parede.

Preocupado com a possibilidade de o seu olhar onipresente não ser suficiente para convencer as pessoas de tamanha magnificência, Nyýazov acrescenta ao seu título o epíteto *Beyik*, que significa "o grande".

Então, Turkmenbashi, o Grande, tem outra obsessão: a dos nomes. Ou melhor, do seu nome.

Ele toma escolas, ruas, aldeias, mesquitas, fábricas, aeroportos, marcas de bebidas alcoólicas e de perfumes — até mesmo uma cidade, Krasnovodsk, a antiga guarnição russa no mar Cáspio —, e rebatiza todos eles Turkmenbashi.

Certa manhã, a nação acorda e descobre que um meteorito caíra no deserto durante a noite. Trata-se de um evento de interesse internacional, é absolutamente necessário encontrar um nome para a pedra, mas Nyýazov resolve o assunto num instante: o meteorito se chamará Turkmenbashi.

Em 2002, uma ideia brilhante vem à sua mente. Por que não dar o seu nome também aos meses do ano e aos dias da semana?

Aí então um vislumbre de sanidade o faz cair em si, e Nyýazov entende (ou explicam a ele) que se todos os dias e todos os meses se chamarem Turkmenbashi, os turcomanos não conseguirão mais diferenciá-los. Dito isso, eis a solução: apenas o primeiro mês do ano será chamado de Turkmenbashi. Os demais terão nomes diferentes, como Gurbansoltan Edzhe, que é o nome da sua mãe, e *bitaraplyk*, que significa "neutralidade". E assim por diante. Os dias da semana, por sua vez, recebem nomes mais corteses, como "dia da justiça", "dia do descanso" etc.

Um problema semelhante surge com as ruas da capital: há muitas ruas chamadas Turkmenbashi. Assim, o modesto Nyýazov é forçado a renomear algumas, mas, não encontrando outras figuras dignas de semelhante homenagem, opta por substituir os nomes por números.

REESCREVENDO A BÍBLIA

No início de 2000, cerca de dez anos após o início do seu mandato, Saparmyat Nyýazov começa a se considerar uma espécie de entidade divina. Ele declara para o seu povo que é descendente de Alexandre, o Grande (356 a.C.-323 a.C.), e do profeta Maomé, e um dia tem a oportunidade de provar essa alegação realizando o seu primeiro milagre.

Há algum tempo, a velhice começou a mostrar os seus efeitos: o Turkmenbashi ostenta um cabelo grisalhado, perfeitamente alinhado com a sua idade. Mas eis que então, certa manhã, o ditador aparece diante do seu povo com um magnífico cabelo negro, o mesmo que tinha na juventude. Um processo de rejuvenescimento divino, declara ele, nada a ver com a mão do barbeiro. Num piscar de olhos, todos os retratos, cartazes e etiquetas do presidente são substituídos para dar lugar à sua nova versão miraculosa.

Nyýazov está tão convencido de ser um guia espiritual que decide escrever um texto sagrado. Não é brincadeira: o *Ruhnama*, "livro da alma", escrito e concebido por Turkmenbashi, é uma obra em dois volumes que, em âmbito nacional, substitui a Bíblia e o Alcorão. Para o ditador, o *Ruhnama* é "a primeira obra de referência elementar dos turcomanos", na qual são narradas "as ações e os ideais" do seu povo. Com base em uma reinterpretação imaginativa da história, Nyýazov traça as raízes dos seus cidadãos até a época de Noé, o que é altamente improvável, visto que as tribos turcomanas vivem no país há menos de mil anos.

Também é relatado no livro que os turcomanos inventaram a roda e construíram o primeiro robô mecânico.

Além da história, dos costumes e das tradições do Turcomenistão, o autor enche o livro com descrições poéticas da sua personalidade:

Desde os cinco anos de idade agradeci a Deus cem mil vezes por herdar dos meus pais a honra, a magnanimidade, a paciência, a nobreza de alma e firmeza, tanto no corpo quanto no espírito. O meu caráter não enfraqueceu nos bons nem nos maus momentos, mas se fortaleceu. É uma fonte que nunca se esgotará para o meu povo turcomano, a minha terra sagrada, a minha pátria passada e presente, para as gerações vindouras.

O presidente, sem sombra dúvida, tem uma boa opinião de si mesmo.

Para comemorar a publicação do *Ruhnama*, Turkmenbashi faz uma coisa nova: manda construir um monumento. Desta vez, trata-se de um livro em

versão gigante que, todas as noites, a uma hora marcada, se abre ao som de uma música solene. Os alto-falantes embutidos produzem uma voz masculina declamando os versos do *Ruhnama*. Então o livro se fecha, e o show se repete na noite seguinte.

Para garantir que todos leiam o seu trabalho, Nyýazov apresenta o *Ruhnama* como leitura obrigatória desde a escola primária até a universidade. As crianças da escola primária devem aprender a ler através do *Ruhnama*, mas também a história deve ser aprendida através do *Ruhnama*. Todos os outros livros populares históricos são proibidos.

Com o passar do tempo, todas as disciplinas escolares são contaminadas pelo *Ruhnama*, até mesmo a matemática.

Em 2004, o egocentrismo de Nyýazov supera a sua loucura.

Ele institui novos cursos universitários, intitulados "Independência Política sob Turkmenbashi, o Grande" e "O *Ruhnama* como um Guia Espiritual para o Povo Turcomano". Manda os imames pregarem o *Ruhnama* nas mesquitas, e o livro é introduzido como disciplina obrigatória até no exame para obtenção da carteira de motorista.

Ansioso para tornar o seu verbo conhecido no exterior, ou apenas para fazer os turcomanos acreditarem que outros em algum lugar também estão interessados nele, Nyýazov traduz o *Ruhnama* para quarenta idiomas diferentes. Em 2005, o primeiro volume é enviado ao espaço a bordo de um foguete. "O livro que conquistou milhões de corações na Terra", citam os jornais nacionais, "agora conquistará o universo."

ESQUISITICES, MONOMANIAS E LUXO DESENFREADO

> **"**
> Precisamos redefinir quem é rico e quem é pobre. Do ponto de vista material é simples. Mas se usarmos outros critérios — senso moral, valores, senso de humanidade —, então o quadro muda.
> **"**
>
> **ASMA AL-ASSAD**

Os ditadores amam o poder e a riqueza, e ostentar a riqueza é uma das muitas maneiras de afirmar o poder. A pergunta surge espontaneamente: é o poder que enriquece os ditadores ou é a riqueza que os consagra ao poder? Acho que é um pouco como decidir se quem veio primeiro foi o ovo ou a galinha. A resposta é que depende dos casos. Vimos como tantos ditadores conseguiram surgir partindo de classes sociais modestas, ao passo que outros se aproveitaram de condições econômicas vantajosas para derrotar a concorrência. Provavelmente, o desejo inicial de subjugar uma população nada tem a ver diretamente com dinheiro. É possível ganhar muito dinheiro sem necessariamente se tornar um ditador.

No entanto, como dizia Giulio Andreotti (1919-2013), "o poder corrói quem não o tem", e, segundo um estudo publicado pela revista americana *The Atlantic*, "o poder muda neurologicamente aquele que o detém".

"Aqueles no poder", diz Dacher Keltner, professor de psicologia da Universidade Berkeley, "exibem comportamentos normalmente associados a danos cerebrais. Os sintomas são impulsividade, menos atenção aos riscos e uma capacidade diminuída de assumir a perspectiva de outra pessoa". O que, em poucas palavras, significa que o poder nos torna menos empáticos e mais inclinados a agir de forma arriscada sem nos preocuparmos com as consequências. Esses perigos incluem vários "vícios" de ditadores, como colecionar mulheres ou — por que não? — assassinatos. Esbanjar dinheiro como se não houvesse amanhã, no entanto, é um vício que, muitas vezes, envolve não só o déspota individual como também o resto da sua família. Muitos ditadores compartilham as suas vidas diárias com esposas e filhos perdulários, às vezes igualmente implacáveis.

Por exemplo, Imelda, esposa de Ferdinand Marcos, ex-ditador das Filipinas, era tão obcecada por sapatos que tinha mais de três mil pares, quase todos Dior e Gucci. Após a Revolução do Rosário de 1986, que derrubou o governo de Marcos, a polícia também encontrou na sua casa inúmeros vestidos de alta-costura, obras-primas de Van Gogh (1853-1890), Monet (1840-1926) e Picasso (1881-1973) e joias de valor inestimável, como um famoso diamante rosa de vinte e cinco quilates, com um valor total superior a vinte e um milhões de euros. Tudo comprado com dinheiro roubado da população.

Teodoro Obiang Nguema Mbasogo, presidente da Guiné Equatorial há quarenta anos, transformou os cofres do Estado na sua conta bancária pessoal, acumulando uma fortuna de várias centenas de milhões de dólares. Certa vez, ele gastou cinquenta e cinco milhões de dólares em um Boeing 737 com toalete e pias folheados a ouro. Seu filho, que tem o mesmo nome e está pronto para sucedê-lo, é um apaixonado por carros de luxo. O seu plantel de automóveis incluía um Porsche 918 no valor de mais de setecentos mil euros, um Bugatti Veyron, perto de um milhão de euros, e um Koenigsegg

One: 1 — existem apenas sete exemplares dele no mundo, e o valor de cada um ultrapassa os dois milhões e meio de euros. Além de um punhado de Ferraris e um McLaren P1. Eu disse "incluía" porque em 2019 todos esses carros foram confiscados pelas autoridades de Genebra após um processo judicial por lavagem de dinheiro.

No país dele, mais da metade da população vive com dois dólares *per capita* por dia.

BASHAR AL-ASSAD, UM DITADOR A CONTRAGOSTO

A Síria é um país que caiu em desgraça. A guerra civil produziu pelo menos meio milhão de mortos e deslocou um terço da população. Não sobrou nada da antiga cidade de Alepo, a porta de entrada do Oriente para a Europa. Não foram os invasores que usaram armas químicas e explosivos contra civis, mas o próprio presidente sírio: Bashar al-Assad.

Ao olharmos para o rosto de Al-Assad não vemos nele a expressão autoritária clássica de um ditador. Não detectamos a sua crueldade. O segundo filho de Hafez al-Assad (1930-2000), apelidado de Leão de Damasco, que, por trinta anos, deteve o poder com punho de ferro, Bashar al-Assad nem sequer estava destinado ao poder.

Quando jovem, ele era um tipo bem-educado; aluno da faculdade de medicina, ansioso para ser oftalmologista. Bashar se especializa em oftalmologia em Londres, e não parece inclinado nem para a política nem para o comando: à sua frente imagina um futuro tranquilo como pai de família.

Em contraste, o seu irmão mais velho, Bassel al-Assad (1962-1994), personifica o protótipo perfeito do líder. Ele é o chefe da guarda presidencial, tem muito conhecimento militar e realmente parece ter nascido para o poder. O destino, no entanto, tem planos diferentes. Em 1994, o Mercedes em que Bassel viaja, em altíssima velocidade, derrapa e capota perto de uma rotatória a poucos passos do aeroporto de Damasco. O impacto é devastador, e para o primogênito Al-Assad, que mais tarde se tornou um herói, objeto de veneração, não há o que fazer. Nesse ponto, a vida de Bashar muda completamente. Após ser rejeitada a hipótese de confiar o poder ao outro irmão, Maher, considerado pouco confiável pela sua natureza violenta, e nada inclinado a transigir, tem início o processo de preparação de Bashar al-Assad para se tornar o novo líder da Síria. O rapaz é arrancado da vida em Londres e jogado no duro mundo militar.

A troca da guarda ocorre cerca de cinco anos depois. Os trinta anos de poder de Hafez al-Assad terminaram em 11 de junho de 2000: o ditador sírio sofre um ataque cardíaco enquanto fala ao telefone com o presidente libanês. Um mês depois, em 17 de julho, Bashar ascende ao comando do país.

O legado deixado pelo pai de Al-Assad é complicado. Aparentemente da minoria étnica alauíta, Hafez foi um ditador implacável que, apoiado pelo Mukhabarat (serviço secreto sírio), deu origem a numerosos massacres — o primeiro de todos é o de 1982 em Hama, no qual quinze mil sunitas perderam a vida.

O primeiro impacto de Bashar no comando da Síria desperta grandes expectativas. O neófito político imediatamente envia sinais encorajadores: o regime parece estar orientado para uma via importante de reformas. O jovem se torna líder do partido Baath, abre-se à ideia de conceder algumas liberdades ao povo sírio, sugere que a repressão e a censura sejam relaxadas e também pensa em algumas mudanças no sistema político.

Em 2001, na Síria, fala-se até da "Primavera de Damasco": as associações e formações políticas do país se envolvem com o governo a fim de contribuir com a democratização da sociedade. A própria esposa de Assad participa de muitas reuniões das assembleias encabeçadas pelos movimentos envolvidos na "Primavera de Damasco". Tanto no país como no exterior, todos esperam que esse clima se mantenha e possa trazer uma flexibilização aos métodos repressivos do partido baathista, desde a tortura dos opositores até ao levantamento do toque de recolher, em vigor desde 1963. Bashar al-Assad concede até anistia a alguns presos pertencentes à Irmandade Muçulmana, formação fundamentalista sunita. A ilusão de um presidente moderno, inovador e reformador, porém, não dura muito.

O que para a "velha guarda" (os poderosos que haviam favorecido a ascensão do seu pai, Hafez) deveria ter sido apenas uma manobra de fachada (o processo de reforma iniciado) corre o risco de se tornar um verdadeiro movimento político e social capaz de mudar a própria estrutura do Estado. Isso é inaceitável para os dirigentes do partido e do Exército, e coloca em dúvida o apoio à presidência do jovem Assad, que deve tudo ao sistema corrupto e nepotista que pretende mudar. O jovem presidente compreende o que "os mais velhos" acabaram de lhe explicar e teme perder o apoio da parte fundamental do poder, ou melhor, daqueles homens que se uniram ao seu pai na criação de um poder inabalável. A partir daí inicia-se uma forte campanha de repressão, com milhares de pessoas presas ou exiladas. Assim termina prematuramente a chamada "Primavera de Damasco".

O líder tenta também, com resultados limitados, fazer reformas no campo econômico, apostando em tímidas liberalizações que, todavia, não entusiasmam tanto os investidores estrangeiros e apenas enriquecem um círculo de "novos-ricos", que também podem se beneficiar de um sistema baseado em uma pesada corrupção e um forte clientelismo.

Na política externa, Assad se destaca pela sua estreitíssima ligação com a teocracia xiita iraniana, pelo seu fortíssimo apoio ao Hezbollah (o Partido de Deus), formação islâmica xiita libanesa, pelo seu apoio nos territórios palestinos ao Hamas, organização política e paramilitar sunita, e pela grande aversão a Israel. Posições que, ao longo dos anos, o tornam muito popular no mundo árabe. Em 14 de fevereiro de 2005, o ex-primeiro-ministro libanês

BASHAR AL-ASSAD
(1965)
ASMA AL-ASSAD
(1975)

Rafiq al Hariri é assassinado, e Assad é acusado de ordenar o assassinato. Subsequentes grandes protestos de rua no Líbano forçarão as tropas sírias a se retirarem do maltratado "País dos Cedros".

    A virada "feroz" definitiva de Bashar al-Assad ocorre em 2011 com a eclosão da guerra civil na Síria. O eco da "Primavera Árabe" também chega a Damasco, onde a população sai às ruas para exigir reformas e também dá origem a violentos protestos. O povo (assim como as chancelarias ocidentais) pede a renúncia de Bashar; ele está aberto a concessões "reformadoras" do regime, mas no final deixa de atender a todas as promessas. A rebelião logo se transforma em uma guerra dramática e sangrenta que acabará por levar a mais de trezentos e cinquenta mil mortos, dos quais cerca de um terço serão civis e mais de trinta mil mulheres e crianças. De um lado está o regime alauíta de Bashar al-Assad, apoiado de forma decisiva pela Rússia de Putin, e do outro está a oposição armada, composta sobretudo pela maioria sunita (os sunitas representam cerca de 75% da população da Síria), politicamente apoiada pelo Ocidente, em particular pelos EUA, Grã-Bretanha e França, bem como pela Turquia.

    Esse dramático massacre, que ainda continua, também levou a episódios terríveis como o de 4 de abril de 2017, quando o regime de Bashar lançou um ataque com armas químicas na cidade de Idlib. Bombas à base de gás sarin foram lançadas sobre civis desarmados, como já havia acontecido em 21 de agosto de 2013 em Ghouta, região nos arredores de Damasco nas mãos dos rebeldes.

    Ao contrário de outros tiranos que caíram em desgraça, de Gaddafi a Saddam Hussein, de Mubarak (1928-2020) a Mohamed Morsi (1951-2019), de Ben Ali (1936-2019) a Bouteflika (1937-2021), derrubados pelo tempo e pela história, Bashar al-Assad, graças ao apoio decisivo da Rússia (e do Irã), não apenas permanece no poder como se fortaleceu, conseguindo resistir às convulsões sociais e políticas e a uma guerra dramática e sangrenta, que ainda traz morte e destruição à Síria.

    Bashar, a essa altura, está muito longe daquele oftalmologista anônimo e quieto dos anos 1990, com excelentes estudos em Londres, mulher e três filhos em casa. Ele se tornou um dos ditadores mais ferozes atualmente no cargo e entre os sanguinários mais cruéis e violentos da história, atacando civis sem renunciar às armas químicas e às técnicas de morte mais hediondas.

ASMA AL-ASSAD, A "LADY DIANA" DE DAMASCO

Em 2011, a revista *Vogue* publicou um artigo sobre a esposa de Bashar al-Assad, Asma, destacando o quanto a primeira-dama é uma mulher "jovem, glamorosa e muito chique" que vive de maneira ocidental. O artigo também enaltece a beleza das casas dos Assad, finamente mobiliadas pela própria Asma, uma apreciadora da decoração de interiores.

Muçulmana sunita de origem síria, Asma nasce em 1975, em Londres, filha de Fawaz Akhras, cardiologista do Cromwell Hospital, e Sahar Akhras, diplomata da embaixada síria. Aluna exemplar, forma-se em Ciência da Computação no King's College e é fluente em quatro idiomas. Após a universidade, ela começa a trabalhar no Deutsche Bank, e depois no JP Morgan. Ex-colegas relatam nunca terem percebido que ela era de família síria, muito menos muçulmana, porque nunca havia usado o *hijab*, o típico véu islâmico.

Segundo jornalistas britânicos, Asma teria conhecido Bashar em 1994, na Síria, por ocasião das férias de verão. Bashar fica impressionado com aquela garota elegante de cabelos cor de mel, dez anos mais nova que ele, que lhe fala com sotaque britânico, e ele não a desagrada. A história continua a distância por alguns anos, até que Asma tem que tomar uma decisão: ela tem a chance de obter um MBA em Harvard, o mestrado universitário mais prestigiado do mundo. Mas, muito apaixonada, a jovem manda a carreira pro inferno e vai direto para Damasco casar-se com o ditador dos seus sonhos.

Sinceramente, o sacrifício da nova primeira-dama não é tão grande. Os Assad vivem em um palácio presidencial ultramoderno, projetado em 1979 pelo arquiteto japonês Kenzo Tange (1913-2005). Custou um bilhão de dólares, e em apenas uma das muitas salas estão cento e vinte e cinco mil peças de mármore no valor de dez milhões e seiscentos mil dólares.

Com formação em relações públicas, Asma sabe a importância do papel da comunicação. A mídia ocidental a adora; alguns arriscam uma comparação com Rania, a esposa do rei Abdullah II da Jordânia, que fez milhões de pessoas sonharem com o seu conto de fadas.

Porém, após o fracasso da "Primavera de Damasco", que muitas vezes a viu em contato com os cidadãos mais pobres, a esposa de Bashar al-Assad teme um declínio na popularidade. Com a eclosão da guerra civil e as primeiras mortes, os ataques da imprensa são inevitáveis. Preocupados com os rumores que circulam entre os EUA e a Europa, que agora a definem como "a mulher do carniceiro", Asma e o governo sírio recorrem à empresa de relações públicas Brown Lloyd James, pedindo-lhe que relance a figura da primeira-dama.

O lautamente pago artigo da *Vogue* faz parte dessa campanha, mas os resultados não são os esperados. A guerra se intensifica, e as notícias do front falam de atrocidades sem precedentes perpetradas contra civis. Assim, em uma manhã, alguns meses depois da sua publicação, o artigo que tanto elogiava a elegância e o bom gosto de Lady Assad desapareceu do site da *Vogue*.

Anna Wintour, a editora-chefe da revista, esclarece assim o motivo da decisão:

> Como muitos, esperávamos que o regime de Assad fosse aberto a uma sociedade mais progressista. Mas, após a nossa entrevista, dados os terríveis eventos do último ano e meio que se desenrolaram na Síria, ficou claro que as suas prioridades e os seus valores estão completamente em desacordo com os da *Vogue*.

Para complicar a posição de Asma al-Assad, aparecem alguns e-mails do WikiLeaks, publicados exclusivamente por *The Mail on Sunday*, em julho de 2012. No mesmo período em que o seu marido foi culpado de matar dezesseis mil pessoas, incluindo mulheres e crianças, a primeira-dama teria passado o tempo de forma mais construtiva. Talvez tentando dissuadir o cônjuge de continuar a campanha de massacres? Claro que não! Ela teria preferido ir às compras, pulverizando duzentos e setenta mil libras em uma loja. E-mails obtidos pelo WikiLeaks mostram que a senhora Assad comprou móveis de luxo em uma loja exclusiva de Londres, a DN Designs, na King's Road, Chelsea. O pedido incluiu cinco lustres de oito mil e oitocentas libras, uma mesa de dez mil e um tapete de onze mil libras, bem como sofás, lustres e pufes de estilo "otomano", por um total de trinta mil euros. A cereja do bolo, outro lustre, comprado alguns meses depois, por quatrocentos e cinquenta mil dólares, para a sua residência de verão em Laodiceia.

E-mails vazados das contas de Asma e Bashar revelam que a senhora Assad é uma ávida consumidora *on-line*, que gasta milhares de dólares em produtos de luxo, desde joias a conjuntos de *fondue*.

Se a bela Asma esperava uma comparação igualitária com Lady Diana ou Rania da Jordânia, ela terá que se contentar com uma menos lisonjeira. Há algum tempo, a imprensa estrangeira relançou semelhanças entre ela e a já citada Imelda Marcos, esposa perdulária do saudoso Ferdinand Marcos.

As duas compartilham uma paixão por sapatos e uma série de aquisições levemente kitsch. Asma ainda não tem três mil pares de sapatos (talvez), mas cultiva um amor desmedido por escarpins com solado vermelho, o famoso Christian Loboutin. A sua coleção conta com um par de saltos altos incrustados de cristais pelo qual ela pagou à grife francesa cerca de três mil libras.

A ROMÊNIA DE ELENA E NICOLAE CEAUSESCU

Uma outra conhecida déspota apaixonada por sapatos, lustres e vestidos de alta-costura é Elena Ceausescu, esposa daquele Nicolae Ceausescu que aterrorizou a Romênia por mais de vinte anos, de julho de 1965 a dezembro de 1989. Vamos atenuar imediatamente qualquer exagero para o final: os cônjuges Ceausescu fazem parte dessa categoria de ditadores que acabaram mal, muito mal. Eles morrerão juntos, executados por um pelotão de fuzilamento, mas, no final do capítulo, não se terá muita pena deles.

Falar de ditadura "no plural" dessa vez é obrigatório. Elena não é a esposa do ditador Nicolae, nem Nicolae pode ser considerado o marido de uma ditadora. A sua relação simbiótica, combinada com dois personagens impossíveis de dominar, faz com que o regime de Ceausescu tenha continuamente mantido um controle duplo. Elena e Nicolae, Nicolae e Elena, até o fim dos seus dias.

Não sabemos se eles estavam loucamente apaixonados, mas com certeza eram um casal "vencedor". De origem humilde, Elena Petrescu (esse é o seu nome de solteira) nasce em 1916 numa pequena aldeia da Valáquia, no sul da Romênia, em uma família de camponeses. Mais fontes concordam que os seus estudos terminaram com o ensino fundamental. Ela conhece o seu futuro marido em 1939, quando ingressa na seção de Bucareste do Partido Comunista.

Nicolae também nasce em uma família de camponeses e, como a sua futura esposa, não continua os estudos. Em 1929, aos onze anos, muda-se para Bucareste a fim de se tornar aprendiz de sapateiro. Dois anos depois, ingressa no Partido Comunista, à época ainda ilegal. Antes de chegar à maioridade, por duas vezes é preso por "incitar o comunismo" e atividades subversivas.

Como consequência da militância política, Ceausescu passa a Segunda Guerra Mundial em prisões e campos de concentração, sempre conseguindo sobreviver. É durante um desses períodos de prisão, no campo de concentração de Târgu Jiu, que conhece Gheorghe Gheorghiu-Dej (1901-1965), futuro primeiro-ministro do país. A amizade com Gheorghe será um verdadeiro prêmio de loteria para Nicolae.

Terminada a guerra, Ceausescu se vê ocupando cargos de grande prestígio, apesar de ainda ser inexperiente e pouco alfabetizado. Ele se torna chefe do Ministério da Agricultura, depois passa para a vice-direção do Ministério das Forças Armadas.

Elena e Nicolae se casam em 1947, mas há um problema: ela é dois anos mais velha que ele, algo do que ela realmente não gosta. Assim, ela pede ao marido que ajuste a certidão de casamento, para que ambos tenham nascido em 1918. Uma trivialidade que antecipa os caprichos muito maiores da futura primeira-dama da Romênia.

Em 1954, Nicolae se torna membro pleno do Politburo, ocupando assim o segundo cargo mais importante dentro do partido. O caminho para a presidência já está pavimentado, é só uma questão de tempo. Em 1965, após a morte do camarada Gheorghiu-Dej, Nicolae é eleito primeiro secretário do Partido Comunista. Logo a Romênia se tornaria uma República socialista, e Ceausescu, seu líder.

O legado que Nicolae recebe é fácil de administrar. O país está domesticado devido aos contínuos expurgos, o aparato de segurança é quase tão eficiente quanto o regime stalinista e tudo parece imune a qualquer forma de mudança.

Paralelamente, a Romênia já havia se distanciado da União Soviética desde a posse do novo primeiro-ministro Nikita Kruschev (1894-1971), um fervoroso antistalinista. Da mesma forma, a URSS não considera mais a Romênia um país digno de interesse, desde que permaneça calma e não questione o sistema de partido único.

Essa peculiaridade faz da Romênia uma das poucas nações do Leste Europeu a ganhar a simpatia das potências ocidentais.

A GRANDE CIENTISTA E "O DE GAULLE DA EUROPA ORIENTAL"

Mais de trinta anos após a queda do regime comunista na Romênia, podemos dizer, com certeza, que Elena e Nicolae Ceausescu eram dois indivíduos semianalfabetos, com pouco carisma político e muito hábeis em fraudes. A sua ascensão ao poder é o resultado surpreendente de uma série de reviravoltas, todas a seu favor, que raramente ocorrem na história. E de sorte, devo acrescentar.

Entretanto, na época, a imprensa e os presidentes do Ocidente ainda não haviam entendido. Em 1966, o semanário inglês *The Economist* definiu Nicolae Ceausescu como "o De Gaulle da Europa Oriental". Pouco tempo depois, o próprio De Gaulle visita a Romênia e anuncia que, no geral, o comunismo não funciona tão mal naquele país.

Não surpreendentemente, anos depois, uma das principais praças de Bucareste será renomeada com o nome do presidente francês, a mesma praça que recebeu o nome de Hitler (antes) e Stálin (depois), demonstrando o quanto o governo romeno sempre manteve alguma "coerência".

Em 1969, com a visita de Richard Nixon, a Romênia se torna o primeiro país comunista a receber um presidente dos Estados Unidos. O apreço dos EUA pelo regime de Ceausescu se manteve inalterado até o fim, apesar das duras políticas de repressão e do saque aos cofres do Estado. No final dos anos 1970, o presidente Jimmy Carter oferece ao casal uma estada nos Estados Unidos, e o seu sucessor, George H. W. Bush, reserva palavras doces para Ceausescu: "Ele está entre os poucos bons comunistas da Europa". Só faltou acrescentar: "basta pensar que ele nem come criança".

Assim, enquanto Nicolae coleciona condecorações internacionais como a Legião de Honra Francesa e a Ordem do Banho da Coroa Britânica, a sua esposa acumula títulos acadêmicos. Obcecada pelo sonho de se tornar uma grande cientista, talvez pela consciência daqueles estudos nunca concluídos, Elena quer a todo custo se tornar uma mulher multigraduada. Só que em vez de colocar a cabeça nos livros, ela prefere queimar etapas, evitando fatores "insignificantes" como o aprendizado. Em 1975, mesmo sem ter um diploma, Elena Ceausescu apresentou-se à comissão para discutir a sua tese de doutorado em química, intitulada *A polimerização estereoespecífica do isopreno na estabilização de borrachas sintéticas*. A sessão é realizada a portas fechadas, e o discurso da candidata é nada menos que embaraçoso, mas Elena ainda assim é nomeada doutora. A situação deixa Cristofor Simionescu (1920-2007), um dos engenheiros químicos mais importantes do país, enfurecido, a ponto de, durante uma entrevista com o embaixador da República Federal da Alemanha, definir a senhora Ceausescu como "uma ignorante semianalfabeta que pagou alguém para escrever a tese no seu lugar". A gravação do desabafo chega às salas do governo e, num piscar de olhos, o professor Simionescu é demitido de todos os seus cargos.

O jornalista Edward Behr (1926-2007), no seu livro *Kiss the Hand You Cannot Bite: the Rise and Fall of the Ceausescus* [Beije a mão que você não pode morder: a ascensão e queda dos Ceausescu], escreve o seguinte:

> Sem senso de humor, os Ceausescu também eram desprovidos de senso de ridículo. No caso de Elena, ela também não tinha senso de vergonha, porque o seu plágio do trabalho de outras pessoas e a sua sede de títulos honoríficos — que os psicólogos explicam em termos de uma busca patológica de aceitação — equivaliam à pirataria. Independentemente das divisões e do ódio persistentes, todos os romenos concordam em uma coisa: Elena Ceausescu era o gênio do mal de Nicolae. Ex-membros da sua equipe pessoal reconhecem que as únicas criaturas que ela parecia amar genuinamente eram os seus dois labradores. A sua irritação era constante. Ela não confiava em ninguém, odiava

todo o mundo. Pelo menos em público, Elena se apresentava como a apoiadora do marido mais leal e admiradora, mas em particular o seu desprezo pela raça humana se estendia inclusive a ele.

Na véspera da visita do casal ao Palácio de Buckingham, a pedido do governo de Callaghan (1912-2005), o partido está empenhado em conseguir para Elena uma condecoração da FRS (Fellow of the Royal Society). As universidades de Oxford e Londres são contatadas para concederem a ela um diploma *honoris causa*, mas ambas recusam.

No final, a senhora Ceausescu tem que se contentar com um diploma honorário do Royal Institute of Chemistry e outro da Central London Polytechnic. Durante uma cerimônia pública, o professor Philip Norman, vice-reitor da Universidade de Londres, elogiou a sua contribuição à pesquisa científica, em particular à química experimental macromolecular e ao estudo de polímeros.

Mais tarde, Mircea Corciovei, um dos cientistas do CECHIM (Instituto Nacional de Pesquisa e Desenvolvimento em Química e Petroquímica em Bucareste) que realmente contribuíram para essa pesquisa, disse:

> Fomos informados de que nenhum artigo pode ser escrito ou publicado, nenhuma conferência pode ser realizada sem que o nome de Elena Ceausescu apareça em primeiro lugar. Nunca a vimos ou ouvimos falar dela, nem durante a nossa pesquisa, nem depois. Ela nunca reconheceu a nossa existência. Produzimos documentos com palavras que sabíamos que ela não poderia ter pronunciado, muito menos entendido.

Enquanto Elena pretende mendigar por títulos e diplomas em todo o mundo, a população romena tem uma vida muito ruim. Naquela época, os Estados do bloco soviético começaram a se endividar para comprar produtos ocidentais de qualidade, com o objetivo de satisfazer as necessidades dos seus cidadãos. A Romênia, por outro lado, faz exatamente o oposto. Para obter um superávit comercial de bens para exportação, a eletricidade, o combustível, a carne e o açúcar passam a ser racionados.

A qualidade de vida dos habitantes, já muito abaixo dos padrões europeus, continua a diminuir. Os romenos passam a não ter mais condições de comprar carros, o transporte público é suprimido e a maior parte da população volta a se locomover em carroças puxadas por cavalos. Isso não acontece no campo, aonde carros e tratores nunca chegaram, mas no centro de Bucareste.

Para que serve o dinheiro das exportações? Em primeiro lugar, para saldar a dívida externa, aspecto imprescindível para a manutenção de boas relações diplomáticas. Em segundo lugar, para concederem-se alguns caprichos fora do orçamento, como a construção do novo palácio presidencial, que na década de 1980 era o segundo maior edifício do mundo depois do Pentágono. Uma mistura arquitetônica dos estilos rococó, barroco e bizantino, que se estende por doze andares e oito subsolos, totalizando mil e cem cômodos. Na prática, o triunfo do mau gosto. A sua construção, orçada em cerca de quatro bilhões de dólares, emprega setecentos arquitetos e duzentos mil trabalhadores. Para se tornarem menos odiosos aos olhos dos cidadãos, os dois ditadores o chamam de "Palácio do Povo Romeno", o que mais parece um deboche.

NADA DE PÃO E SALAME

Com o tempo, talvez por influência de uma esposa tão erudita, Nicolae também começa a perder o controle da realidade, e desenvolve uma megalomania incontrolável. Ele organiza uma cerimônia de entrega de um cetro presidencial e elabora uma lista de alcunhas com que a comunicação social e a diplomacia o devem definir, como: o Arquiteto, o Titã, o Visionário, o Gênio dos Cárpatos, o Timoneiro e o Mais Elevado Homem.

Além disso, para enfrentar a mortalidade causada pela fome e pela pobreza, uma nova lei é promulgada. Aumentar salário? Introduzir subsídios para as classes mais pobres? Não, isso é o que vocês, meros mortais, fariam, não "o Gênio dos Cárpatos". O nosso ditador esclarecido proíbe o aborto para mulheres com menos de quatro filhos e impõe exames médicos periódicos para garantir que todas as mulheres em idade fértil cumpram a disposição. A essa loucura deve-se acrescentar que, apesar de serem os anos 1980, os preservativos se tornam impossíveis de serem encontrados na Romênia. Os efeitos da medida não tardam a chegar: no período em que a lei vigora, cerca de dez mil mulheres morrem no país por abortos abusivos, e cem mil crianças acabam em orfanatos estatais, esquecidas e submetidas a todas as formas de abuso.

É 1989, e Nicolae e sua esposa não podem mais varrer a poeira para debaixo do tapete. Com o povo destroçado pela fome, a reputação do casal começa a ficar manchada até mesmo aos olhos do Ocidente. A notícia que chega ao país aquece o coração dos romenos: o Muro de Berlim caiu, a URSS está em processo de dissolução.

Em 21 de dezembro, uma multidão enfurecida de manifestantes vai ao palácio presidencial. Nicolae Ceausescu olha da varanda, convencido de que pode acalmar os manifestantes com os seus belos discursos cheios de promessas nunca cumpridas. Mas desta vez dá errado. Os manifestantes começam a gritar com ele e a atacá-lo com vaias. No dia seguinte, a cena se repete, mas, além dos insultos, os cidadãos também atiram pedras no ditador. Os generais do Exército decidem apoiar a vontade do povo e abandonam a defesa do palácio. A multidão arromba os portões e entra na sede presidencial, e marido e mulher só têm tempo de se refugiar no telhado e fugir a bordo de um helicóptero. A fuga, porém, não dura muito. Uma ordem militar para o rádio do piloto o intima a pousar, caso contrário será dada ordem para abater a aeronave. Os Ceausescu são levados sob custódia militar, para aguardar julgamento.

Até o final, os dois exibem caprichos constantes, além de nunca se darem conta do problema em que estão metidos. Nos três dias que permanecem trancados no quartel, reclamam da comida. "Não posso comer isso", diz Nicolae já na sua primeira refeição, servida pelos militares. É um prato de pão, salame e queijo salgado. Os soldados dizem que é o que comem há anos, uma ração regular do Exército. "Não fale besteira!", retruca o ditador, tocando o pedaço de pão integral com os dedos. "Esta região tem o melhor pão da Romênia." "Não dá para comer esta coisa!", Elena insiste. "Você não sabe que o comandante em chefe não pode comer sal?"

A cena se repete à tarde, quando o chá é servido aos dois: "Tem açúcar?!", grita a ex-primeira-dama: "O meu marido é diabético. Como podem trazer chá com açúcar para ele?".

Mas Elena não reclama apenas da comida. Critica o quarto, as camas, a falta de roupas limpas. Amaldiçoa os militares, tenta arrancar qualquer coisa que eles tenham nas mãos.

Com uma última tentativa desesperada, Nicolae Ceausescu tenta subornar guardas e funcionários, prometendo casas, carros de luxo e milhões de dólares em caso de soltura. Infelizmente para ele, ninguém mais acredita na sua palavra. A história perturbadora do casal Ceausescu termina na manhã de Natal, nos fundos do quartel, sob uma saraivada de balas.

Edward Behr nos informa:

Todos os cultos à personalidade são grotescos, mas o dos Ceausescu envolveu uma reviravolta sadomasoquista, porque à medida que as condições dentro da Romênia pioravam, os romenos não apenas tinham de suportar novas dificuldades como também elogiar em termos cada vez mais entusiásticos os responsáveis por infligirem-nas a eles.

Apesar das muitas explicações sociopolíticas e psicológicas e estudos de caráter que se seguiram às suas mortes, prevalece uma sensação de perplexidade. (...) A maioria dos líderes políticos vive em um mundo de grandes privilégios, tão distante das preocupações cotidianas que tende a esquecer como vive a outra parte. Os Ceausescu foram muito mais longe: a sua forma de governar lembra os métodos mais brutais do feudalismo, antes do advento da Idade Moderna.

A QUEDA DO REGIME:
QUANDO UM DITADOR ACABA MAL

> O homem que lidera os iraquianos deve ter um passo rápido e ágil, caso contrário os outros pisarão nos seus calcanhares, depois nas suas costas, depois pisarão na sua cabeça, e seguirão em frente.
>
> **SADDAM HUSSEIN**

Ninguém é verdadeiramente dono do próprio destino, nem mesmo o são os ditadores.

A crueldade, muitas vezes, é paga com a mesma moeda, e a pergunta é legítima: vale a pena viver uma vida cheia de poder e riqueza, mas com o medo constante de ser assassinado?

Para o escritor Elias Canetti (1905-1994), ganhador do prêmio Nobel, os ditadores nada mais são do que "sobreviventes paranoicos". Ele prossegue: "De todos os homens, [o ditador] é o que mais teme morrer. A sensação de perigo nunca o abandona. Ele tem olhos em todos os lugares e se certifica de que nada lhe escape, nem mesmo os menores rumores a seu respeito, porque eles ainda podem conter uma intenção hostil".

Essa atitude cautelosa é suficiente para poupá-lo de um fim violento? Às vezes sim. Alguns ditadores conseguem escapar impunes e morrer em paz. Com a quantidade de crimes cometidos, é difícil entender como eles podem viver como qualquer aposentado, mas conseguem. Outros pagam pelos seus crimes na prisão ou acabam na pobreza. Mas a pior saída de cena que pode acontecer a um ditador é acabar nas garras do seu próprio povo, este exausto por anos de privação e violência, pronto para dar vazão a toda a sua sede de vingança.

Não sabemos o que teria acontecido com o senhor e a senhora Ceausescu se naquela manhã de dezembro de 1989 os manifestantes que cercaram o prédio houvessem conseguido colocar as mãos neles. É provável que a sua morte tivesse sido ainda pior do que o fuzilamento.

O coronel Muammar Gaddafi, o eterno líder líbio, não teve a mesma "sorte". A sua derrota continua a ser um aviso para qualquer ditador, um epílogo tão amargo e sangrento que gera, apesar do passado, um sentimento de compaixão humana.

TRANCA E CAVALO

Entre os ditadores a quem o destino reservou uma saída de cena muito infeliz está também ele: Saddam Hussein. O famoso ditador, um dos mais impiedosos da história do Oriente Médio, ocupou o poder por vinte e quatro anos, de 1979 a 2003.

Não há equivalente exato em italiano para traduzir o seu nome. Saddam, traduzido do árabe, significa algo como "aquele que enfrenta", um homem pronto para conquistar tudo. Contra todo inimigo e toda adversidade. O futuro *rais** iraquiano nasceu nos arredores de Tikrit, em 28 de abril de 1937, e

---

* Um chefe ou líder muçulmano. Tendo em vista que o autor optou por usar o termo árabe, vamos mantê-lo. (N. T.)

imediatamente provou ser uma criança sem sorte. O pequeno Saddam nunca conhecerá o pai, Hussein Al-Majid (?-1936). Este abandona a esposa, Subha (?-1982), grávida de sete meses, para fazer a vida em outro lugar. Subha tenta o suicídio, mas não consegue. Tenta um aborto, mas falha nisso também, e finalmente dá à luz o bebê.

A vida de um filho indesejado é complicada. Os vizinhos debocham dele, e aos gritos o chamam de bastardo; as outras crianças o excluem. Saddam encontra, então, amigos alternativos e menos falantes: a tranca e o cavalo. A tranca ele usa para se defender e espancar as pessoas; o cavalo, por outro lado, ele usa para descarregar alguns insultos, e passa os dias a xingá-lo.

Além dos seus pares, Saddam também deve se defender do padrasto, um homem muito violento que o maltrata e o usa para roubar. Com o passar do tempo, o abuso do homem se torna tão insuportável que a criança é obrigada a deixar o ninho materno com apenas dez anos de idade.

A única pessoa disposta a cuidar do pequeno Saddam é o seu tio Khairallah Talfah (1919-1993), irmão da sua mãe. Uma vez fora da prisão, onde foi mantido por conta das suas atividades insurrecionais anti-inglesas, Khairallah coloca o menino sob sua proteção. Ele também se torna professor primário, o que permite a Saddam receber alguma instrução, embora bastante básica.

Em 1955, o futuro *rais* se muda para Bagdá, onde o tio se tornou diretor de uma escola primária, e se matricula no ensino médio. Aqui ele começa a se associar a um grupo paramilitar de inspiração nazifascista, e dois anos depois, em 1957, ingressa oficialmente no partido Baath, fundado em Damasco, na Síria, em 1947, que visa conciliar o socialismo e o pan-arabismo.

Dois anos mais tarde, em 1959, Saddam se envolve na tentativa de assassinato do general Abdul Karim Qassim (1914-1963), que recentemente tinha dado vida a uma ditadura militar. O ataque se revela um completo fracasso: Saddam é condenado à morte, e, para evitar a execução, foge primeiro para a Síria e depois para o Egito, onde ficará por três anos.

A permanência de Qassim no poder durou mais quatro anos: em fevereiro de 1963, ele foi deposto e morto após um golpe de Estado. O novo líder militar é o coronel Abdel Salam Aref (1921-1966). Desta vez ao lado do novo líder também sobe ao poder o partido Baath, encabeçado por Ahmed Hassan al-Bakr (1914-1982), parente distante de Saddam Hussein. Este retorna do exílio e inicia a sua ascensão ao topo do partido. No mesmo ano, ele se casa com Sajida, filha do seu tio Khairallah, a qual lhe dá dois filhos — Uday (1964-2003) e Qusay (1966-2003) — e três filhas — Rana, Raghad e Hala.

Apenas dois anos se passam e o Baath é deposto do governo. Saddam é preso, mas consegue escapar em 1967, tornando-se um dos expoentes mais influentes do partido e também um dos arquitetos do golpe que, no ano seguinte, levará o Baath ao poder e Al-Bakr à presidência da República do Iraque. Saddam é nomeado vice-presidente do Conselho do Comando Revolucionário e vice-presidente da República. Em 1973, ele também é nomeado general do Exército e, dada a avançada idade de Al-Bakr, assume efetivamente a liderança do governo.

Nos anos seguintes, promove um ambicioso plano de modernização do país tanto no campo econômico quanto no social: escolarização em massa, criação de um sistema público de saúde, abolição da *sharia* e concessão de liberdades mais amplas às mulheres; também dá origem à nacionalização da indústria petrolífera.

Em 1979, o presidente Al-Bakr anunciou a sua aposentadoria, e muitos argumentam que foi o próprio Saddam quem convidou o seu querido parente a renunciar, para impedir a tomada do poder por meio de ações de força. Hussein o sucede, tornando-se presidente da República, chefe do partido e comandante das Forças Armadas.

Em um país já dilacerado como o Iraque, Saddam reprime impiedosamente todas as formas de dissidência e oposição, deixando o campo livre para os serviços secretos, que massacram e torturam quem não estiver de acordo com as políticas do *rais*. Ao mesmo tempo, o ditador iraquiano começa a desenvolver o já conhecido culto à personalidade, transplantando o seu rosto para cartazes gigantes colocados em todos os cantos da cidade.

Em 1980, a tensão com o vizinho Irã dispara, levando a uma guerra que vai durar oito anos e causar mais de um milhão de mortes. Uma tragédia que marca os dois povos, mas que a propaganda iraquiana consegue transformar em uma grande vitória. A realidade é muito diferente, e o conflito se torna conhecido sobretudo pelas brutalidades ordenadas por Saddam.

Entre os episódios mais tristes, por exemplo, está o ataque com armas químicas perpetrado contra a cidade de Halabja, no qual morreram cinco mil civis curdos, enquanto outros dez mil cidadãos ficaram gravemente mutilados. O povo é acusado de ter apoiado o Irã.

Oito anos de guerra, no entanto, colocam a economia iraquiana de joelhos. As dívidas do regime de Bagdá para com os países estrangeiros que o financiaram são enormes. Em particular, o Kuwait, no final da guerra, não aceita o pedido de Saddam para cancelar a dívida, que chega a trinta bilhões de dólares. Desse modo, lançam-se as bases para a escalada que, em 2 de agosto de 1990, levará à invasão do Kuwait pelo Exército iraquiano. O ataque foi imediatamente condenado pela Liga Árabe e pela ONU, que estabelecem sanções ao Iraque e exigem a retirada imediata das tropas.

Saddam ignora o pedido. Em janeiro de 1991, tem início a operação Tempestade no Deserto, liderada pelos Estados Unidos, na qual o Iraque foi atacado, e em poucas semanas o Kuwait foi libertado.

Apesar da devastação na qual cai o país, Saddam continua no topo. O Iraque afunda na mais absoluta pobreza, também devido a um embargo decidido pela ONU. No final de 1996, as Nações Unidas lançam o plano Oil For Food (petróleo em troca de alimentos) para tentar conter os efeitos do embargo sobre os civis. No entanto, esse programa irá naufragar, engolido por um sistema de subornos e peculato.

Nesse meio-tempo, Saddam, a fim de engrandecer a sua figura e manter um consenso necessário à continuação do seu regime, apesar de ter sido um grande protagonista da secularização do Estado iraquiano, decide transfor-

SADDAM HUSSEIN
(1937-2006)

mar-se num muçulmano modelo, devoto, na crença de que a fé pode ser a única certeza a que se apegam as populações esgotadas por anos ininterruptos de guerras, insurgências, pobreza e desolação. Assim, ele reintroduz alguns elementos da *sharia* e acrescenta, com a sua letra, a frase ritual *Allahu Akbar*, "Deus é grande", na bandeira nacional.

ESCREVENDO O ALCORÃO COM SANGUE

Com o desvio fundamentalista, Saddam sai dos trilhos. Não que antes ele fosse equilibrado, sejamos claros, mas o que ele faz no final dos anos 1990 supera todas as ilusões de onipotência de Nyýazov.

O ditador decide encomendar uma obra única no gênero, nunca antes produzida. Ele, toda semana, tem o seu sangue coletado por uma enfermeira, isso durante dois anos. A razão é que Saddam decidiu fazer uma cópia inteira do Alcorão (seiscentas e cinco páginas divididas em cento e quatorze capítulos) escrita com o seu próprio sangue. O desejo se torna realidade no início do ano 2000. Para proteger a obra, Saddam mandou construir três grandes portas blindadas em frente à cripta da Grande Mesquita de Bagdá, cujas chaves são confiadas a um igual número de personalidades religiosas e civis do país, para que ninguém coloque as mãos na relíquia. Sinceramente, parece muito improvável que todo aquele sangue presente nas páginas dessa versão do Alcorão seja do *rais*. De fato, não é possível que um ser humano consiga doar tamanha quantidade de sangue em apenas dois anos. É muito mais realista pensar que apenas uma parte do sangue usado para o "Alcorão de sangue" pertença a Saddam Hussein. O restante deve ser de origem animal. Isso é o que se espera.

O colapso do regime de Saddam Hussein chega em 2003. Já em anos anteriores, o governo dos Estados Unidos, liderado pelo republicano George W. Bush, multiplicou as acusações contra o *rais*, que é considerado um apoiador, um cúmplice das mais perigosas associações terroristas internacionais, começando com a Al-Qaeda. Após o ataque às Torres Gêmeas, a despeito das negativas de vários órgãos de inteligência, que excluem qualquer ligação entre Saddam e a Al-Qaeda, os EUA inserem o Iraque entre os países que compõem o chamado "Eixo do Mal". Desse momento em diante, o Iraque cai na mira dos EUA, que vislumbram um possível ataque ao país do Oriente Médio, que, segundo o presidente Bush filho, possui arsenais de armas de destruição em massa, prontos para serem usados contra o Ocidente. A esse respeito, destaca-se o famoso episódio em que, perante o Conselho de Segurança das Nações Unidas, o secretário de Estado dos EUA, Colin Powell (1937-2021), mostra aos presentes um tubo de ensaio contendo as supostas "armas químicas" com as quais o Iraque estaria supostamente equipado. É uma farsa, mas representa o prelúdio da invasão do país, ocorrida em 20 de março de 2003. Em três semanas, grande parte do Iraque é ocupada, e oito meses depois o agora ex-líder iraquiano é capturado em uma operação liderada pelos militares americanos, auxiliados pelos *peshmerga* (combatentes, guerrilheiros) curdos.

NO FUNDO DO POÇO

Onde se esconde um ditador, um mafioso ou, em geral, um grande criminoso internacional? Em casa, claro.

Em 13 de dezembro de 2003, dia da sua captura ao final da Operação Red Dawn (Amanhecer Vermelho), organizada pelos americanos, os quais, na ocasião, contavam com o apoio da guerrilha curda *peshmerga*, o ditador é encurralado em uma pequena fazenda nos arredores de Tikrit, sua cidade natal e feudo histórico. Cerca de seiscentos homens, entre os militares dos EUA e as forças armadas curdas, estão envolvidos na operação.

Na sua busca, as forças especiais detectam um alçapão desajeitadamente coberto com terra e tijolos. Sob ele, agachado no fundo de um espaço estreito que mal comporta uma única pessoa, está Saddam Hussein, o ex-líder supremo, junto com setecentos e cinquenta mil dólares e duas metralhadoras. É impressionante ver Saddam Hussein, uma vez senhor feroz do Iraque e homem capaz de ordenar extermínios com base em armas químicas, encolhido num poço com um semblante resignado e derrotado. A barba está longa; o rosto, magro; o cabelo, comprido. Um soldado o faz abrir a boca, e à luz de uma pequena lanterna colhe uma amostra de saliva, útil para detectar o DNA que deve dar a certeza definitiva de que ele é o tirano de Bagdá. As imagens, que rodam o mundo e logo se tornam as últimas notícias nos cinco continentes, não deixam dúvidas: é ele. O ex-*rais* não oferece resistência: a impressão é de que ele estava esperando a chegada dos americanos, preparando-se psicologicamente para a sua captura.

Antes da sua morte, no entanto, mais três anos se passariam. Em 2006, foi executada a pena capital imposta pelos juízes iraquianos: Saddam Hussein foi executado por enforcamento em 30 de dezembro.

Faltam poucos minutos para as seis da manhã quando o ex-chefe do Iraque deixa este mundo. "Uma morte imediata", relata um dos oficiais iraquianos presentes na execução. Segundo alguns, Saddam permaneceu calmo, com o rosto descoberto e uma cópia do Alcorão nas mãos, enquanto, na opinião de outros, ele demonstrava muito medo. Nas horas seguintes, começam a aparecer os primeiros vídeos da execução, que logo se espalham pelo mundo. O *rais*, vestindo terno e casaco pretos com camisa branca por baixo, está cercado pelos carrascos encapuzados que colocam a corda no seu pescoço. Ele parece resignado com o destino inevitável que o aguarda. As imagens param. O próximo vídeo mostra apenas um cadáver coberto com um lençol. Após a execução, surgem alguns detalhes bastante significativos e, por vezes, singulares. A escolha do local, por exemplo, tem alto valor simbólico: Saddam é enforcado dentro de um dos centros de detenção onde o seu regime torturou e matou muitos dissidentes, e que também era sede dos terríveis serviços secretos iraquianos.

Pela forca que matou Saddam Hussein até chegou uma oferta de compra de sete milhões de euros. Um epílogo macabro que encerrou uma era trágica para uma nação ainda hoje atormentada como o Iraque.

O INVENCÍVEL FILHO DO DESERTO

Pode um pequeno pastor, forçado a criar cabras e camelos para ter o que comer, tornar-se o líder indiscutível de um importante país do norte da África por mais de quarenta anos? Se falamos da Líbia, a resposta é "sim", e o personagem em questão é Muammar Gaddafi. Muito amado pelo seu povo, odiado pelos Estados Unidos, que o teriam desejado morto várias vezes, o futuro *rais* líbio nasce em junho de 1942, durante a Segunda Guerra Mundial, mas alguns juram que ele veio ao mundo quatro anos antes. Onde nasceu? No meio do deserto, a vinte quilômetros ao sul da cidade de Sirte, em uma barraca de pele de cabra. A família é muito pobre, os pais, analfabetos, mas o jovem Muammar tem a sorte, como primeiro filho homem, de poder estudar o Alcorão, que lhe é ensinado por um dos mestres espirituais que viajam de uma aldeia beduína para outra.

O pequeno Gaddafi é um predestinado, e logo se acostuma a lidar com a violência: com apenas seis anos, aliás, vê a morte de perto, quando uma mina italiana mata dois de seus primos e o fere no braço. Ele ficará com uma cicatriz profunda, mas nada mais.

Muammar cresce e se matricula em escolas islâmicas na região de Fezzan, no meio do deserto. Talentoso, decide seguir carreira nas Forças Armadas, e para isso frequenta a escola militar líbia em Benghazi, onde participa dos seus primeiros treinamentos. Posteriormente, muda-se para a Europa, primeiro para a Itália, onde estuda na Escola de Guerra do Exército de Civitavecchia e em Bracciano. Por fim, especializa-se na Academia Inglesa de Beaconsfield.

De volta ao país, inicia aquela brilhante carreira que já parecia anunciada. É nomeado capitão com apenas vinte e sete anos.

Naquela época, a Líbia, sob o comando do rei Idris I (1890-1983), estava crescendo, e em 1951 se declara independente. Enquanto isso, no vizinho Egito, a liderança de Ghamal Abdel Nasser (1918-1970), que chegou ao poder em detrimento do rei Faruk (1920-1965), vem consolidando o chamado pan-arabismo, movimento político que visa à união de todos os povos de língua árabe ligados por um destino comum. Em 1957, Nasser nacionaliza o Canal de Suez, o que desperta a ira da França e da Grã-Bretanha. Tem início um período de dez anos de tensão, e é provável que Nasser tivesse governado o Egito por muito mais tempo se em 1967 não tivesse tido uma péssima ideia. O líder egípcio assina a sua sentença quando, graças à sua capacidade de manter os governos ocidentais afastados, declara guerra a Israel. A França e a Grã-Bretanha, que vinham planejando uma ação militar conjunta havia algum tempo, aproveitam a oportunidade: alinham-se ao lado de Israel, dobrando o Egito em apenas seis dias.

Reconhecendo a derrota ruinosa, Nasser renuncia, mas o povo se solidariza com ele: os egípcios ainda querem que Nasser lidere o país e saem às ruas para manifestar o seu próprio apoio. Nasser continuará a ser presidente do Egito, mas nunca poderá restaurar a sua reputação internacional. Ele morrerá de um ataque cardíaco menos de três anos depois.

Já dissemos, algumas linhas atrás, que Gaddafi é um predestinado. E o é porque, uma vez que Nasser caiu em desgraça, ele se torna o outro líder árabe em ascensão. Em 26 de agosto de 1969, aproveitando a ausência do rei Idris I, que estava no balneário com quarenta cupinchas, dá um golpe de Estado. Não apenas o faz rapidamente como também sem derramamento de sangue. Aos vinte e sete anos, Muammar Gaddafi assume o comando da Líbia e é oficialmente o chefe de Estado mais jovem do mundo.

A posse de Gaddafi parece anunciar um período de profunda renovação. O jovem proclama o nascimento da livre e democrática República Árabe da Líbia e aprova uma nova Constituição. Graças ao petróleo, descoberto cinquenta e cinco anos antes por engenheiros italianos, ele dobra o salário mínimo líbio, aumenta a qualidade da educação e da saúde e melhora a infraestrutura. Mas, ao mesmo tempo, também extingue as eleições e os partidos políticos, e cria um Conselho de Comando da Revolução, formado por doze militares leais a ele. Não são as melhores premissas para uma "república democrática livre". Em 1970, ele confisca os bens de todos os italianos, que na época somavam cerca de vinte mil, forçando-os efetivamente a deixarem a Líbia.

Contudo, a mudança radical apenas começou. Gaddafi decide restaurar a *sharia*, a lei islâmica, abolir o ensino de línguas estrangeiras, nacionalizar grandes empresas e fechar bases militares estrangeiras. O regime se apresenta como uma espécie de mistura entre o socialismo e o pan-arabismo, caracterizado pela liderança inquestionável e sem oposição do homem que, nessa altura, se promoveu a "coronel", comandante em chefe das Forças Armadas da Líbia, além de líder do Conselho de Comando Revolucionário (CCR), o mais alto órgão de governo da nova República Árabe da Líbia.

Em 1973, o dirigente dá início à "revolução cultural", com a formação de cerca de mil comitês populares eleitos diretamente pelo povo e com atribuições administrativas. O ano de 1976 é fundamental na biografia do *rais* líbio e na história do país. Gaddafi publica a obra *O Livro Verde*, um resumo do seu pensamento, que teoriza a necessidade de criar um Estado que seja, ao mesmo tempo, islâmico e socialista, tentando assim integrar reformas econômicas, sociais e políticas com preceitos religiosos.

No *Livro Verde*, o *rais* expõe os seus princípios políticos e filosóficos a favor do pan-arabismo e contra o marxismo e o capitalismo. O ano seguinte, 1977, vê a proclamação da Jamahiriya (traduzível como a "República das Massas"), o novo nome com o qual Gaddafi define a Líbia.

O líder já se considera quase pan-árabe e está convencido de que pode ser o novo líder do mundo árabe, assumindo o legado de Nasser. Obviamente com melhores resultados.

Em um olhar mais objetivo, a intenção de Gaddafi é inatingível. Tenta perseguir um projeto comum entre os Estados do norte da África e do Oriente Médio, unindo a Líbia ao Egito, depois à Síria, Tunísia, Chade (com o qual estará em guerra de 1974 a 1989) e Marrocos. Ele nunca consegue realmente dar forma ao seu plano, e são muitos os conflitos e dificuldades que enfrenta. A receita com a venda do petróleo, porém, é considerável, e a Líbia é um dos principais produtores de "ouro negro" do mundo. Graças a essa receita, o *rais* financia todo movimento revolucionário ou terrorista que se opõe ao Ocidente, continuando em casa essa revolução cultural que visa à redução do poder de influência dos líderes espirituais islâmicos.

Com Gaddafi, a Líbia assume um papel muito ativo no plano internacional: ele é um aliado ferrenho da causa palestina, e se opõe a qualquer tentativa de aproximação com Israel feita pelo presidente egípcio Anwar al-Sadat (1918-1981). Financia o movimento "Setembro Negro", o mesmo que realizará o terrível ataque nas Olimpíadas de Munique em 1972. Por fim, apoia os ataques do IRA e treina muitos aspirantes a homens-bomba que pretendem lutar contra a Europa, Israel e os Estados Unidos. E torna-se inimigo jurado dos EUA em dezembro de 1979, quando a Líbia é incluída na lista de países que apoiam o terrorismo, após o incêndio da embaixada americana em Trípoli durante uma manifestação popular.

UM BEDUÍNO DE MIL VIDAS

Mesmo antes de ser um escolhido, Muammar Gaddafi é objeto de milagres. Seja por astúcia ou sorte, esquivar-se do perigo é uma das atividades nas quais o *rais* líbio se destaca. Em 1979, um piloto da Aeronáutica se lança na arquibancada de onde o Coronel assiste a um desfile, mas é abatido no último momento. No ano seguinte, porém, um guarda-costas o fere no ombro com um tiro de pistola. É quando Gaddafi percebe que precisa de mais alguns guarda-costas. Ora, mas por que confiar em alguns bandidos musculosos quando você pode ter um esquadrão de garotas lindas e exuberantes? Não, não é uma piada. Gaddafi, agora em delírio de onipotência, funda o Departamento das Amazonas, um grupo de atraentes guarda-costas que o seguem como uma sombra tanto no país quanto no exterior, vigiando constantemente a tenda beduína que ele usa como residência em visitas oficiais ocasionais a outros Estados.

Mesmo que o episódio pareça engraçado, devemos lembrar que o Coronel não é nenhum comediante, mas um ditador implacável. Ao longo dos anos, muitas testemunhas denunciaram a ferocidade de Gaddafi para com essas mulheres, muitas vezes reduzidas a escravas sexuais. Elas eram, segundo relatos, estupradas, obrigadas a consumir álcool e cocaína e a se submeter, sozinhas ou em grupo, a práticas extremas e às piores torturas.

"Ele exige quatro, cinco novas garotas por dia", diz Soraya, ex-amazona, ao jornal francês *Le Monde*. Segundo a testemunha, o ditador escolhe as garotas procurando entre atrizes e jornalistas, filhas de ministros africanos e até andando pelas ruas. Quando está no exterior, ele tem uma colaboradora de confiança que lhe garante o "recrutamento". Preferências? Mulheres muito jovens, possivelmente virgens. Soraya argumenta que, nas orgias, o *rais* também tem relações múltiplas até mesmo com rapazes. A história da jovem amazona, que remonta ao final de 2012, é dramática. Na realidade, parece

MUAMMAR GADDAFI
(1942–2011)

que "muitos diplomatas ocidentais conhecem as obsessões sexuais de Gaddafi, mas talvez ignorem os detalhes, sem imaginar que estão diante de um personagem tão sádico e violento".

Na década de 1980, as tensões entre o Coronel e os Estados Unidos atingiram seus níveis mais altos. O governo dos EUA impõe um embargo à importação de petróleo líbio. No mesmo período, dois caças americanos que decolaram do porta-aviões *Nimitz* abateram dois jatos líbios que voavam ameaçadoramente em direção ao norte. Esse episódio traz Gaddafi para a capa da *Newsweek*, que o define como "o homem mais perigoso do mundo".

O *rais* realiza o primeiro *coup de teatre** em 1986: é o mês de abril e, em Berlim, na discoteca La Belle, frequentada principalmente por soldados norte-americanos, explode uma bomba que causa três mortes e deixa duzentos e cinquenta feridos. O presidente americano, Ronald Reagan, que define o ditador líbio como "um fanático", "um mentiroso" e "um cachorro louco", dá ordem aos seus porta-aviões para atacarem Trípoli e Benghazi na noite de 14 para 15 de abril. A residência de Gaddafi é destruída, a sua filha adotiva morre, mas, mais uma vez, o *rais* se salva. Segundo algumas testemunhas abalizadas, ele foi avisado do ataque pelo primeiro-ministro italiano, Bettino Craxi (1934-2000), o qual, um ano antes, em Sigonella, se recusara a entregar aos americanos os terroristas palestinos responsáveis pela apreensão do navio *Achile Lauro* e pelo assassinato do cidadão americano, inválido e de origem judaica, Leon Klinghoffer (1916-1985).

Um episódio ainda mais dramático, porém, ocorreu em dezembro de 1988 em Lockerbie, uma cidade da Escócia. O voo 103 da empresa americana Pan Am explode no ar devido a uma bomba colocada no compartimento de carga. Esse é um dos ataques mais graves já vistos antes de 11 de setembro de 2001; morrem todos os duzentos e cinquenta e nove passageiros, e outras onze pessoas são atingidas pelos destroços. O ato terrorista foi organizado pelos serviços secretos líbios. Serão necessários onze anos até que Gaddafi reco-

---

* No contexto, ato para provocar, impressionar, chocar. (N. T.)

nheça as responsabilidades do regime nesse crime e, em 2003, aceite pagar 2,7 bilhões de dólares aos familiares das vítimas.

Felizmente, desde o final dos anos 1990, o ditador passa a realizar uma série de gestos que o levam a assumir uma postura mais moderada e menos antiocidental. Em 2003, após a invasão americana do Iraque, Gaddafi anuncia a intenção de desmantelar o plano de produção de armas de destruição em massa, e em 2004 volta a viajar para a Europa, após uma pausa de quinze anos.

Em junho de 2006, contra todas as probabilidades, começa o degelo com os Estados Unidos, que chegam a retirar a Líbia da lista negra de "Estados párias".

"CORONEL, PERMITA-ME..."

A mudança de rumo envolve também as relações entre Itália e Líbia. Marca-se como o momento decisivo o encontro oficial, em 2003, entre o primeiro-ministro italiano, Silvio Berlusconi, e o coronel Gaddafi. Os dois chegam a um acordo segundo o qual a Itália se compromete a compensar as autoridades líbias (fazendo-se, assim, "ser perdoada" pelo período colonial) com a construção de uma rodovia entre Trípoli e Benghazi. As condições são confirmadas pelo segundo governo Prodi, e também reafirmadas em uma reunião em novembro de 2007 entre os ministros das Relações Exteriores dos dois países. As relações políticas entre a Itália e a Líbia crescem muito, assim como as relações comerciais. Naqueles anos, o nosso país se torna um parceiro privilegiado da Líbia no fornecimento de gás. A relação se consolida em 30 de agosto de 2008, com a assinatura, em Benghazi, do Tratado de Amizade entre a Itália e a Líbia, que encerra definitivamente o conflito entre os dois países. Os acordos preveem o investimento em outra rodovia, desta vez costeira, que cruzará toda a Líbia, do Egito à Tunísia. O acordo inclui ainda a construção de habitações no país do Norte de África, bolsas de estudo para estudantes líbios e pensões por invalidez para as vítimas mutiladas das minas terrestres colocadas pela Itália em território líbio durante o período colonial.

De volta ao governo, Berlusconi devolve a Gaddafi a estátua da Vênus de Cirene, descoberta na Líbia em 1913 por arqueólogos italianos e que sempre esteve sob a custódia do Museu Nacional Romano.

Após o tratado, nos dois anos seguintes, entre 2009 e 2010, Muammar Gaddafi visita o primeiro-ministro italiano duas vezes, passando sempre por Roma. As visitas causam discussão em toda a Itália (e não só) devido aos pedidos singulares, se não exatamente inoportunos, feitos pelo *rais* líbio. Para começar, Gaddafi quer armar a tenda beduína, o alojamento que sempre usa no exterior, no coração de Villa Pamphili, um dos parques mais bonitos de Roma. E tem mais: o ditador líbio exige que todas as suas amazonas lhe façam companhia. Desprezando qualquer forma de respeito e bom gosto, o governo italiano concorda. Mas, por ocasião da sua próxima visita, para comemorar o segundo aniversário da assinatura do Tratado de Amizade de Benghazi, os pedidos de Gaddafi vão muito além. Coisas que talvez tivessem rendido um novo capítulo de *O Conto da Aia* se Margareth Atwood as houvesse descoberto antes. Desta vez, o Coronel não está hospedado com as suas inseparáveis amazonas na Villa Pamphili, mas se contenta com a residência romana do seu embaixador. Em troca, traz consigo trinta cavalos árabes com o mesmo número de cavaleiros, pois é fácil encontrar uma ZTL* ativa no centro de Roma. Além disso, ele contrata uma agência italiana para convocar quinhentas garotas (naturalmente bonitas) para dar-lhes uma série de aulas sobre o Alcorão. Os honorários são de oitenta euros por aula, havendo a possibilidade, para aquelas que se mostrarem interessadas durante o encontro, de obterem um convite para irem à Líbia, de forma a aprofundar os vários as-

---

* A sigla ZTL refere-se à zona de tráfego limitado: trata-se de áreas de uma cidade que se podem acessar de carro apenas em determinados horários e mediante pagamento de passagem; para alguns tipos de carros mais poluentes, a entrada na ZTL é até proibida. (N. T.)

pectos da cultura do país norte-africano. A vice-presidente da Câmara, Rosy Bindi, fala sem meios-termos de uma "violação humilhante da dignidade da mulher italiana". É a última página, um tanto ridícula, da parábola de Gaddafi, que, dentro de um ano, se transformará em tragédia.

O PIOR FINAL DE TODOS

Em 20 de outubro de 2011, na esteira da Primavera Árabe, um golpe militar é implementado na Líbia. Muammar Gaddafi se encontra escondido em uma vala de drenagem subterrânea e é caçado por rebeldes, agora a um passo de interromper um regime cruel que dura quarenta e dois anos. Pela manhã, após um cerco ao local provisório em que Gaddafi está confinado, ele é capturado. Os rebeldes começam a espancá-lo até sangrar, a agravar a fúria dos golpes sobre o corpo ferido, mas ainda vivo. Todo esse espetáculo sangrento e macabro é cuidadosamente filmado pelos captores, que continuam a agredi-lo com uma violência sem precedentes, causando-lhe ferimentos por toda parte. No vídeo, ouvem-se gritos confusos. Alguns berram para matar o *rais*, outros insistem em transportá-lo para Misurata, a fim de exibi-lo como troféu. Com efeito, a vontade de todos é destroçar o corpo do prisioneiro mais odiado, daquele ditador que agora deve sair de cena, e deve fazê-lo da forma mais humilhante.

Nos dias seguintes à sua morte, circulará um terrível vídeo de dezessete segundos em que Gaddafi é sodomizado com um bastão pontiagudo (ou, segundo alguns, uma baioneta) por um dos milicianos que o mantêm sob custódia. Deitado no capô de uma picape, o Coronel, visivelmente ferido na cabeça, tenta dizer algumas palavras. Talvez esteja se dirigindo aos rebeldes, dizendo-lhes "vocês estão pecando". Recebe em troca insultos e agressões. Imediatamente a seguir, o *rais* é executado, presumivelmente com um tiro na têmpora, disparado da pistola dourada encontrada no próprio *bunker* onde ele se escondeu até a sua captura. Mesmo após sua morte, o estrago no seu corpo continua: ele é desnudado e torturado pelos rebeldes. Em Misurata, onde o cadáver é finalmente exibido, as pessoas farão fila para assistir a um espetáculo tão macabro.

No entanto, por volta do final de Muammar Gaddafi, surgem inúmeras dúvidas, ligadas a episódios que nunca foram totalmente esclarecidos. Há quem diga que ele foi morto por um segundo grupo de rebeldes que, só mais tarde, chegou às proximidades do esconderijo com a tarefa específica de eliminar todos os prisioneiros pertencentes ao antigo regime. Algum tempo depois, Mahmoud Jibril (1952-2020), primeiro-ministro na queda do regime, se declara convencido de que "Gaddafi foi morto por agentes estrangeiros misturados aos rebeldes". Muitos na Líbia estão convencidos de que foi uma operação "liderada" pela França a fim de impedir o Coronel de revelar algumas relações embaraçosas com o presidente francês da época, Nicolas Sarkozy.

Sem dúvida, muitas pessoas desejavam ver Muammar Gaddafi morto. Talvez mais do que as que desejavam que ele ainda estivesse vivo.

BIBLIOGRAFIA

LIVROS

BEHR, Edward. *Kiss the Hand You Cannot Bite: the Rise and Fall of the Ceausescus*, Penguin, Londres, 1992.

CHALMET, Véronique. *L'infanzia dei dittatori*, Baldini e Castoldi, Milão, 2018.

DIKÖTTER, Frank. *How To Be a Dictator: the Cult of Personality in the Twentieth Century*, Bloomsbury, Londres, 2019.

DUCRET, Diane. *Le donne dei dittatori*, Garzanti, Milão, 2011.

FATLAND, Erika. *Sovietistan: um viaggio in Asia Centrale*, Marsilio, Veneza, 2017.

GHIRELLI, Antonio. *Tiranni: da Hitler a Pol Pot*, Mondadori, Milão, 2001.

GUEZ, Olivier. *Il secolo dei dittatori*, Neri Pozza, Vincenza, 2020.

HEM, Mikal. *How To Be a Dictator: an Irreverent Guide*, Arcade, Nova York, 2017.

KASORUHO, Amik. *Un incubo di mezzo secolo: l'Albania di Enver Hoxha*, Besa Muci, Nardò (LE), 2019.

LOSITO, Antonio. *Diventa um tirano: da Gheddafi ai dittatori di oggi 10 lezioni per comandare il mondo*, Rizzoli, Milão, 2022.

NAPOLEONI, Loretta. *Kim Jong-un il nemico necessario*, Rizzoli, Milão, 2018.

PIÑOL, Albert Sanchez. *Pagliacci e mostri: storia tragicomica di otto dittatori africani*, Libri Scheiwiller, Milão, 2009.

POMERANTSEV, Peter. *Questa non è propaganda. Avventure nella guerra contro la realtà*, Bompiani, Milão, 2020.

ARTIGOS

IPS, outubro de 1996, "Ecuador: Bucaram, 'um loco que ama'".

https://ipsnoticias.net/1996/10/ecuador-bucaram-un-loco-que-ama/

El País, janeiro de 1997, "El presidente de Ecuador quiere fichar a Maradona".

https://elpais.com/diario/1997/01/26/deportes/854233216_850215.html

El País, fevereiro de 1997, "Huelga en Ecuador contra Bucaram mientras se pide su cese por incapacidad".

https://elpais.com/diario/1997/02/05/internacional/855097215_850215.html

El País, fevereiro de 1997, "De los disparates al rigor".

https://elpais.com/diario/1997/02/07/internacional/855270002_850215.html

El País, fevereiro de 1997, "Caos político en Ecuador tras la proclamación de tres presidentes".

https://elpais.com/diario/1997/02/08/internacional/855356423_850215.html

El País, fevereiro de 1997, "El destituido Bucaram decide exiliarse en Panamá".

https://elpais.com/diario/1997/02/20/internacional/856393211_850215.html

El País, março de 1997, "La conspiración entre los tres "presidentes" mantiene a Ecuador en vilo".

https://elpais.com/diario/1997/04/03/internacional/860018414_850215.html

la Repubblica, maio de 2001, "Il lato nascosto del Führer: 'Hitler era un pervertito'".

https://www.repubblica.it/online/mondo/rivelazioni/rivelazioni/rivelazioni.html

la Repubblica, dezembro de 2003, "Blitz in una cantina a Tikrit, catturato Saddam Hussein".

https://www.repubblica.it/2003/l/sezioni/esteri/irag11/irag11/irag11.html

la Repubblica, março de 2005, "Siria, la decisione di Assad 'Via le truppe dal Libano'".

https://www.repubblica.it/2005/b/sezioni/esteri/libano/ridispg/ridispg.html

The Globe and Mail, junho de 2009, "N. Korea's Kim Jong-un tapped to succeed his father".

https://www.theglobeandmail.com/news/world/n-koreas-kim-jong-un-tapped-to-succeed-his-father/article4275625/

la Repubblica, junho de 2009, "Gheddafi a Roma, tenda nella Villa, polemica: 'Tripoli viola i diritti umani'".

https://www.repubblica.it/2009/06/sezioni/esteri/gheddafi-italia/gheddafi-italia/gheddafi-italia.html

Corriere della Sera, agosto de 2010, "Amazzoni, cavalli e tenda beduina, Muammar Ghedaffi torna a Roma".

https://roma.corriere.it/roma/notizie/cronaca/10_agosto_27/visita-gheddafi-roma-1703650844774.shtml

Corriere della Sera, agosto de 2010, "Ore e ore sotto il sole per 80 euro: la giornata delle hosts di Gheddafi".

https://www.corriere.it/cronache/10_agosto_29/hostess-inflitrata-gheddafi-la-stella_4c2a-6a-fe-b39f-11df-ac3b-00144f02aabe.shtml

Corriere della Sera, dezembro de 2010, "Saddam, da dittatore a martire: il suo 'Corano di sangue' divide l'Iraq".

https://www.corriere.it/esteri/10_dicembre_21/corano-scritto-sangue-saddam-francesco-tortora_aa050212-0d1b-11e0-a1b6-00144f02aabc.shtml

Il Post, fevereiro de 2011, "Cosa disse il Trattato tra Italia e Libia".

https://www.ilpost.it/2011/02/27/cosa-dice-il-trattato-tra-italia-e-libia/

Limes, abril de 2011, "Psicogeopolitica di Gheddafi".

https://www.limesonline.com/cartaceo/psicogeopolitica-di-gheddafi

The Telegraph, junho de 2012, "Syria: Vogue's Anna Wintour disowns Asma al-Assad".

https://web.archive.org/web/20220203160245/
https://www.telegraph.co.uk/news/worldnews/middleeast/syria/9325230/Syria-Vogues-Anna-Wintour-disowns-Asma-al-Assad.html

Daily Mail, julho de 2012, "As Syria burns, Assad's British-born wife goes on £270,000 online shopping spree".

https://www.dailymail.co.uk/news/article-2173705/Asma-al-Assad-As-nation-burns-Assad-wife-imports-sofas-London-270-000-spending-spree.html

la Repubblica, dezembro de 2012, "Gheddafi il sadico e le amazzoni shiave".

https://www.repubblica.it/rubriche/parla-con-lei/2012/12/12/news/gheddafi_sadico_amazzoni-48614591/

Corriere della Sera, junho de 2013, "Ashgabat, capitale del Turkmenistan, ha il record di edifici di marmo bianco (e troppe violazioni di diritti umani)".

https://globalist.corriere.it/2013/06/07/ashgabat-capitale-del-turkmenistan-ha-il-record-di-edifici-di-marmo-bianco-e-troppe-violazioni-di-diritti-umani/

ISPI, setembro de 2013, "Al Assad, il leader che provò a riformare la Siria".

https://www.ispionline.it/it/pubblicazione/al-assad-il-leader-che-provo-riformare-la-siria-8953

Formiche, dezembro de 2013, "Tutto sulla vita di Bashar al-Assad".

https://formiche.net/2013/12/momigliano-libro-vita-bashar-al-assad/

Panorama, outubro de 2014, "Hitler, con Eva Braun solo sesso a distanza".

https://www.panorama.it/societa/hitler-e-eva-braun-sesso-distanza

The Week, janeiro de 2015, "Kim Jong Un's less responsible, Disney-obsessed older brother".

https://theweek.com/articles/465775/kim-jong-uns-less-responsible-disneyobsessed-older-brother

Treccani Magazine, 2015, "Bashar al-Assad: il destino di um dittatore".

https://www.treccani.it/enciclopedia/bashar-al-assad-il-destino-di-un-dittatore-%28Atlante-Geopolitico%29/

Il Post, maio de 2015, "La storia del fratello di Kim Jong-un, fan di Eric Clapton".

https://www.ilpost.it/2015/05/24/kim-jong-chul-fratello-kim-jong-un/

Panorama, setembro de 2015, "22 settembre 1980. Inizia la guerra Iran-Iraq".

https://www.panorama.it/22-settembre-1980-inizia-la-guerra-iran-iraq?rebelltitem=1#rebelltitem1

Il Post, outubro de 2015, "Il figlio che Lukashenko si porta ovunque".

https://www.ilpost.it/2015/10/09/nikolai-lukashenko-bielorussia/

Time, dezembro de 2015, "Philippine Presidential Candidate Defends Remarks on Rape: 'This is How Men Talk'".

https://time.com/4297234/rodrigo-duterte-davao-city-philippines-rape-president-election-jacqueline-hamill/

Il Post, setembro de 2016, "Il presidente delle Filippine si è paragonato a Hitler".

https://www.ilpost.it/2016/09/30/rodrigo-duterte-hitler-filippine/

Corriere della Sera, outubro de 2016, "Gheddafi, cinque anni fa la cattura e la morte 'in direta'. Ascesa e caduta di um dittatore".

https://www.corriere.it/extra-per-voi/2016/10/20/gheddafi-cinque-anni-fa-cattura-la-morte-in-diretta-ascesa-caduta-un-dittatore-3e92fcf4-960a-11e6-9c27-eb69b8747d1f.shtml

Agi, outubro de 2016, "Libia, 5 anni dopo la fine di Gheddafi è ancora um mistero".

https://www.agi.it/estero/libia_5_anni_dopo_la_fine_di_gheddafi_ancora_un_mistero-1178767/news/2016-10-19

Rai News, novembro de 2016, "La Svizzera confisca al figlio del presidente della Guinea 11 supercar: ce n'è una inestimabile".

https://www.rainews.it/archivio-rainews/media/11-auto-di-lusso-confiscate-al-figlio-del-presidente-della-Guinea-equatoriale-d2d4794d-8323-46d6-a6b4-f5607ebc15b0.html#foto-1

El Mundo, novembro de 2016, "La escandalosa vida sexual de Duterte, presidente de Filipinas".

https://www.elmundo.es/loc/2016/11/04/581b845046163fc8348b45af.html

Corriere della Sera, fevereiro de 2017, "Kim Jong-nam, la ricostruzione dell'assassinio".

https://www.corriere.it/reportages/esteri/2017/kim-jong-nam/

la Repubblica, maio de 2017, "È morto Manuel Noriega, fu dittatore di Panama negli Anni '80".

https://www.repubblica.it/esteri/2017/05/30/news/e_morto_manuel_noriega_fu_dittatore_di_panama_negli_anni_80-166762619

La Stampa, maio de 2017, "Morto l'ex dittatore di Panama Manuel Noriega, 'Faccia d'Ananas' mescolava droga e rivoluzione".

https://www.lastampa.it/esteri/2017/05/30/news/morto-l-ex-dittatore-di-panama-manuel-noriega-faccia-d-ananas-mescolava-droga-e-rivoluzione-1.34608837/

New York Times, maio de 2017, "Manuel Noriega, Dictator Ousted by U.S. in Panama, Dies at 83".

BIBLIOGRAFIA

https://www.nytimes.com/2017/05/30/world/americas/manuel-antonio-noriega-dead-panama.html

Euronews, maio de 2017, "Manuel Noriega, l'ex dittatore di Panama che sfidó George Bush".

https://it.euronews.com/2017/05/30/manuel-noriega-l-ex-dittatore-di-panama-che-sfido-george-bush

BBC, maio de 2017, "Music torture: How heavy metal broke Manuel Noriega".

https://www.bbc.com/news/world-latin-america-40090809

The Atlantic, agosto de 2017, "Power Causes Brain Damage".

https://www.theatlantic.com/magazine/archive/2017/07/power-causes-brain-damage/528711

El Mundo, outubro de 2017, "Rodrigo Duterte promote no decir más palabrotas tras recibir instrucciones de Dios".

https://www.elmundo.es/internacional/2016/10/28/581314be22601dc8598b45cf.html

Formiche, março de 2018, "L'arma di Kim Jong-Un? Il consenso grazie alle soap opera stile occidentale".

https://formiche.net/2018/03/kim-jong-un-soap-opera/

Amnesty International, julho de 2019, "Filippine, 6600 morti nella guerra ala droga di Duterte. Chiediamo inchiesta Internazionale".

https://www.amnesty.it/filippine-la-guerra-alla-droga-di-duterte-ha-fato-almeno-6600-morti/

la Repubblica, outubro de 2019, "Filippine, tutte le malattie del presidente Duterte: 'Ho una degenerazione neuromuscolare. L'occhio vaga da solo'".

https://www.repubblica.it/esteri/2019/10/07/news/filippine_presidente_duterte_malattia_neuromuscolare-237909647/

The Times, novembro de 2019, "Belarus dictator's beauty queen 'wins' seat in parliament".

https://www.thetimes.co.uk/article/dictator-s-beauty-queen-girlfriend-22-elected-to-be-larusian-parliament-8077d3ff6

Il Post, dezembro de 2019, "La morte del 'Genio dei Carpazi'".

https://www.ilpost.it/2019/12/25/nicolae-ceausescu-morte/

Corriere dela Sera, dezembro de 2019, "Quel che resta di Ceausescu".

https://www.corriere.it/speciale/esteri/2019/ceausescu-anniversario-1989-2019/

la Repubblica, abril de 2020, "Bielorussia, contro il coronavirus l'ultimo dittatore d'Europa consiglia vodka e trattore".

https://www.repubblica.it/esteri/2020/04/14/news/coronavirus_bielorussia_lukashenko_negazionismo_quarentena-301026282/

Marie Claire, junho de 2020, "La parabola di Asma al-Assad, la moglie del presidente siriano amata/non amata in quote uguali".

https://www.marieclaire.it/attualita/gossip/a32943281/asma-moglie-assad/

The Guardian, setembro de 2020, "Operation Condor: the cold war conspiracy that terrorised South America".

https://www.theguardian.com/news/2020/sep/03/operation-condor-the-illegal-state-network-that-terrorised-south-america

El País, setembro de 2020, "Manuel Antonio Noriega. El desorden de factores altera el produto".

https://elpais.com/noticias/manuel-antonio-noriega/

la Repubblica, novembro de 2020, "Così l'amministrazione Nixon favorì il golpe in Cile: i documenti desecretati 50 anni dopo il governo Allende".

https://www.repubblica.it/esteri/2020/11/13/news/cosi_l_amministrazione_nixon_favori_il_golpe_in_cile_i_documenti_desecretati_50_anni_dopo_il_governo_allende-274186894/

EIU, janeiro de 2021, "Democracy Index, 2021 rankings".

https://www.eiu.com/n/campaigns/democracy-index2021/?utm_source=economist-daily-chart&utm_medium=anchor&utm_campaign=-democracy-index2020&utm_content=anchor-1

Radio Free Europe, janeiro de 2021, "RFE/RL's Turkmen Service: Radio Azatlyk".

https://pressroom.rferl.org/rferl-turkmen-service-radio-azatlyk

https://www.azathabar.com/T%C3%BCrkmenistan

The Economist, fevereiro de 2021, "Global democracy has a very bad year".

https://www.economist.com/graphic-detail/2021/02/02/global-democracy-has-a-very-bad-year

Rai News, fevereiro de 2022, "Porvetà estrema, poca scuola e un'epidemia: l'Afghanistan a sei mesi dalla presa di Kabul".

https://www.rainews.it/articoli/2022/02/sei-mesi-fa-la-presa-di-kabul-lafghanistan-oggi-tra-poverte-speranze-620be715-0334-4771-b-b2e-3106b512645e.html

Il Post, abril de 2021, "Il Turkmenistan ama i suoi cani".

https://www.ilpost.it/2021/04/30/turkmenistan-giornata-del-cane-alabai/

AsiaNews, maio de 2021, "Ashgabat, the cult-like mourning of the president's father; women honour his mother".

https://www.asianews.it/news-en/Ashgabat,-the-cult-like-mourning-of-the-president%27s-father;-women-honour-his-mother-53283.html

AsiaNews, julho de 2021, "Missing children and Covid: two tragedies denied by the Turkmen regime".

https://www.asianews.it/news-en/Missing-children-and-Covid:-two-tragedies-denied-by-the-Turkmen-regime-53551.html

Il Sole 24 Ore, agosto de 2021, "Solo l'8% della popolazione vive in democrazie complete. Cosa misura il Democracy Index 2020".

https://www.infodata.ilsole24ore.com/2021/08/08/solo-l84-della-popolazione-vive-democrazie-complete-cosa-misura-democracy-index-2020/

Skytg24, agosto de 2021, "Afghanistan, talebani al potere: le conseguenze e gli scenari futuri secondo gli esperti".

https://tg24.sky.it/mondo/2021/08/18/talebani-kabul-conseguenze#00

Fanpage, agosto de 2021, "'I talebani ci cercano casa per casa. Salvateci': la disperazione di uma ragazza all'aeroporto di Kabul".

https://www.fanpage.it/esteri/i-talebani-ci-cercano-casa-per-casa-salvateci-la-disperazione-di-una-ragazza-allaeroporto-di-kabul/

Adnkronos, agosto de 2021, "Afghanistan ai talebani, donne e torture: cosa accade nel 1996".

https://www.adnkronos.com/afghanistan-ai-talebani-donne-e-torture-cosa-accade-nel-1996_GPwPO8Bua6uuowgShFQ2s

BBC News, setembro de 2021, "La extraña historia del Corán que Saddam Hussein ordenó escribir con su propria sangre".

https://www.bbc.com/mundo/noticias-internacional-58491635

la Repubblica, setembro de 2021, "La strage della guerra in Siria, l'Onu: 'Oltre 350 mila morti in dieci anni'".

https://www.repubblica.it/esteri/2021/09/25/news/la_strage_della_guerra_in_siria_l_onu_oltre_350_mila_morti_in_dieci_anni_-319316026/

The Huffington Post Italia, setembro de 2021, "Il caso Turkmenistan, il Paese com 'zero casi' Covid-19. Ma le cose non starebbero proprio così".

https://www.huffingtonpost.it/entry/lo-strano-caso-del-turkmenistan-il-paese-con-zero-casi-covid-19-da-inizio-pandemia_it_615593fde4b05040did-73be7/

Tvn, outubro de 2021, "De aliados a enemigos, la crónica de la relación entre Pablo Escobar y Manuel Antonio Noriega".

https://www.tvn-2.com/contenido_exclusivo/Pablo-Escobar-Manuel-Antonio-Noriega_0_5964903499.html

Agi, novembro de 2021, "Cosa è sucesso nei primi 100 giorni al potere dei talebani".

https://www.agi.it/estero/news/2021-11-25/afghanistan-primi-100-giorni-ritorno-potere-talebani-14665197/

Il Post, dezembro de 2021, "Elena Ceausescu era un'impostora".

https://www.ilpost.it/2021/12/30/elena-petrescu-ceausescu-impostora/

Corriere della Sera, fevereiro de 2022, "Lukashenko, il 'Babbo' della Bielorussia rimasto in sella solo grazie al Cremlino".

https://www.corriere.it/esteri/22_febbraio_27/lukashenko-babbo-bielorussia-rimasto-sella-solo-grazie-cremlino-329c09e0-9811-11ec-97a-a-535db-4de4386.shtml

Rai News, fevereiro de 2022, "Bielorussia, grazie a um referendum Lukashenko sempre più simile a Putin".

https://www.rainews.it/articoli/2022/02/bielorussia-grazie-a-un-referendum-lukashenko-sempre-pi-simile-a-putin-775d67ae-e-a97-4346-901a-8d98aabb8350.html

Treccani Magazine, março de 2022, "La successione padre-figlio del potere in Turkmenistan".

https://www.treccani.it/magazine/atlante/geopolitica/La_successione_padre-figlio_Turkmenistan.html

la Repubblica, abril de 2022, "Epidemie: i casi di morbillo segnalati in tutto il mondo sono aumentati del 79% nei primi due mesi del 2022, rispetto allo stesso periodo del 2021".

https://www.repubblica.it/solidarieta/emergenza/2022/04/28/news/epideme_i_casi_di_morbillo_segnalati_in_tutto_il_mondo_sono_aumentati_del_79_nei_primi_due_mesi_del_2022_rispetto_allo-347229760/

Amnesty International, maio de 2022, "Bielorussia, nuova legge sulla pena di morte: um nuovo attaco ai diritti umani".

https://www.amnesty.it/bielorussia-nuova-legge-sulla-pena-di-morte-un-nuovo-attacco-ai-diritti-umani/#:~:text=La%20Bielorussia%20%C3%A8%20l'unico,pena%20capitale%20all'omicidio%20volontario.

ISPI, maio de 2022, "Le Filippine al voto: la difficile eredità di Duterte".

https://www.ispionline.it/it/pubblicazione/le-filippine-al-voto-la-difficile-eredita-di-duterte-34933

CNN, maio de 2022, "Who is 'Bongbong' Marcos Jr and why are some Filipinos nervous about his family's return?".

https://edition.cnn.com/2022/05/11/asia/marcos-philippines-president-explainer-intl-hnk/index.html

Elle, maio de 2022, "La storia di Imelda Marcos, moglie del defunto dittatore delle Filippine e delle sue 3000 paia di scarpe".

https://www.elle.com/it/magazine/women-in-society/a39952777/imelda-marcos-moglie-dittatore-filippine/

ÍNDICE

7	Prefácio
11	**Ser um ditador: a tênue linha entre comédia e tragédia**
14	Amizades autênticas e sem interesses
16	Prata ou metal?
21	**A psicopatologia do ditador**
24	O pesadelo de Adolf Hitler
27	Entre chicotes e sexo "telepático"
31	Cozinha do inferno: a infância "mágica" de Idi Amin Dada
33	"O cirurgião alegre" e os clássicos da Disney
39	**A geografia das ditaduras**
42	Um oásis branco no deserto
48	De pais, filhos e baratas
51	Em nome de Alá
56	Fuga e morte do mulá Omar
59	**Vivendo sob uma ditadura**
61	Breve história da Coreia do Norte
63	A dura lei do *songbun*
65	Manbang, a Netflix que te espiona
68	O Urso Gordo voa para a Disneylândia
71	Uma câmera escondida que terminou mal
73	A Albânia à época de Enver Hoxha
77	Emparedados vivos
81	**Como se instaura uma ditadura**
84	A insuspeita metamorfose do papai
86	O homem dos referendos
89	Preparar-se para a sucessão
91	Chile, a história de um "suicídio assistido"
95	Desaparecendo na terra do fogo e do gelo

99	**Como manter o poder**
102	Um ditador na família: a história do regime mais curto (e absurdo) do século XX
106	Leite estragado, dançarinas e rock'n'roll
109	A noite dos três presidentes
111	A propaganda dos *trolls*: a ascensão de Rodrigo Duterte
113	O *Rappler* e os efeitos colaterais da informação
117	Palavrões e pílula azul
121	Bongbong e o retorno da família Marcos
125	**O culto à personalidade**
127	Estúpido é quem dá um golpe de Estado na África Central
129	"*Bonjour, papà!*"
132	O cavalo morto de Napoleão
134	O breve império de Bokassa I
136	Um nome para todas as coisas
138	Reescrevendo a Bíblia
143	**Esquisitices, monomanias e luxo desenfreado**
146	Bashar al-Assad, um ditador a contragosto
151	Asma al-Assad, a "Lady Diana" de Damasco
154	A Romênia de Elena e Nicolae Ceausescu
156	A grande cientista e "o De Gaulle da Europa Oriental"
161	Nada de pão e salame
165	**A queda do regime: quando um ditador acaba mal**
167	Tranca e cavalo
172	Escrevendo o Alcorão com sangue
173	No fundo do poço
175	O invencível filho do deserto
179	Um beduíno de mil vidas
182	"Coronel, permita-me..."
184	O pior final de todos
186	Bibliografia

ASSINE NOSSA NEWSLETTER E RECEBA
INFORMAÇÕES DE TODOS OS LANÇAMENTOS

www.faroeditorial.com.br

CAMPANHA

Há um grande número de pessoas vivendo com HIV e hepatites virais que não se trata. Gratuito e sigiloso, fazer o teste de HIV e hepatite é mais rápido do que ler um livro.

FAÇA O TESTE. NÃO FIQUE NA DÚVIDA!

ESTA OBRA FOI IMPRESSA
EM JUNHO DE 2023